親師一致按讚！簡單・有趣・成效佳的專注力入門書

阿鎧老師5分鐘玩出專注力（暢銷修訂版）

兒童專注力發展專家 **張旭鎧** / 著

新手父母

前言 注意力不集中在台灣

〔目錄〕

第1章 您了解專注力嗎？

第2章

感覺統合與專注力

〔目錄〕

第3章 大動作發展與專注力

第4章 觀察力訓練與專注力

第5章

閱讀習慣的建立與專注力

第6章 專心習慣的養成與專注力

〔目錄〕

第7章 視知覺的建立與專注力

第8章

訓練書寫時的專注力

〔目錄〕

第9章 培養課業學習時的專注力

〔遊戲索引〕

從觀察力訓練玩出專注力

從閱讀習慣的建立玩出專注力

6 從專心習慣的養成玩出專注力

7 從視知覺的建立玩出專注力

在訓練書寫時玩出專注力

在課業學習中玩出專注力

〔推薦序❶〕

從孩子的角度看孩子的問題

文／陳昭蓉

根據統計，台灣兒童中「過動症」與「自閉症」的比例逐年升高，是環境出了問題，還是醫療越進步，越容易幫孩子「判刑」？於是家長們開始帶著孩子奔波於各大醫療院所、療育機構，莫不希望孩子在最短時間內獲得進步，達到父母、師長的要求，但這符合孩子成長的需求嗎？

✿您真的了解孩子嗎？

曾有小兒醫學專家指出，人類自原始生物演化至今，其實現在仍在演化當中，而要達到演化，就必須有基因的突變，在懷孕婦女中，約有十萬分之一的胚胎帶有突變的基因，但這些基因大部分都不利於生存，因此就會胎死腹中，最後能夠出生、成長的孩子，大約是所有新生兒的兩百萬分之一，這些孩子身上的基因，可能就帶著將來人類更優質的生存條件，但他們畢竟是人類族群中的少數，因此常被當成「異類」看待，因為他們的發展、成長、情緒、行為可能和一般人不同，因此被當作疾病處理，但是，我們真正了解他們嗎？

〔推薦序❶〕

提供家長最切實際的建議

旭鎧從事兒童發展醫療臨床專業十餘年，或許是長時間與兒童相處吧！我常說：「他的言語、行為就像小孩子一樣。」但或許就是這樣的個性，讓他真正看到了孩子的問題，並且能夠提供家長最切實際的建議。

為了讓他能夠幫助更多兒童與家庭，於是延攬他成為協會秘書長，著手進行各種有助於兒童融入社會、達到社會要求的活動與講座，在他陸續開設了專注力教室後，或許因為投入了過多的心血，民國九十七年中，他竟然顱內出血住院了！雖然一切安然無恙，但我希望他能將這些珍貴的經驗傳承給大家，於是鼓勵他將多年經驗寫出來，這不僅幫助更多人，也可以幫助更遠處的家庭，總算，這本書要問世了！

書中從兒童發展的角度切入，從大家關心的動作發展、感覺統合來談與專注力的關係，這不僅幫助家長釐清孩子不專心的原因，更協助家長打破感覺統合「只是動作技巧訓練」的迷思，加上最後從家長最擔心的兩個「不專心時間」：寫字不專心、上課不專心，以實際例子，加上重點提示，絕對可以協助家長幫助孩子更專心、學習成就更為提高。

（適健復健科診所院長）

〔推薦序❷〕

找對問題，才能幫孩子專心

文／陳適卿

近年來，許多家長帶孩子來門診的原因都是「孩子不專心」，但是門診會談中，卻常常可以發現孩子「不專心」的原因各不相同，有的是肌肉力量不足所以坐不住、有的則是小肌肉發展不佳導致無法一口氣把作業寫完；甚至是視知覺、感覺統合問題，都會被家長以「不專心」為理由而帶往醫院求診。

✿ 除了「心理層面」，尚需考量「生理層面」

雖然經由會談、藥物治療，加上心理諮商與治療，的確會幫助孩子提高情緒穩定度，以及降低衝動性，但這是從「心理層面」幫助孩子，然而「生理層面」問題沒有獲得解決，孩子是不可能完全集中注意力的。

影響專注力的「生理層面」問題，包括了肌肉、骨骼、血液、神經等方面，簡單的說，就是旭鎧在書中提到的大小肌肉、感覺統合、視知覺等常被忽略的層面。舉例來說，兒童基本能力發展落後，就會造成大小肌肉的不協調與力量不足。有些兒童無法久坐，就是因為「肌肉張力不足」所造成，因此孩子在課堂上會動來動去，他不是故意要「挑釁」老師，而是他累了，這時候與其罰站（這會讓他更累、更不專心），還不如請他跑跑腿來的更有幫助（換不同肌肉運動一下，讓原來負責坐立的肌肉獲得休息）。

此外，書中也提到小朋友寫功課的時候常常寫一下子就起來玩玩具、上廁所或開冰箱，相信這是家中有小學生的家長常遇到的問題，而通常爸媽在遇到這樣的問題時，總是會再三催促孩子回到書桌前專心寫功課，但是這反而是造成親子關係緊張的開始。

找出「不專心」的原因 給予協助

旭鎧在書中幫助家長從基本檢查開始，找出孩子真正「不專心」的原因，進而給予輔導及訓練，這要比不斷地提醒孩子或找孩子深談來的有效多了！從基本的神經生理改善起，加上觀察力與閱讀習慣的建立，以及針對孩子書寫及上課時的關心，這是一套從基礎做起的專注力訓練，相信對現在孩子需要的專注力是有幫助的。

旭鎧從事職能治療有超過十年以上的經驗，而且一直在第一線臨床協助解決孩子的問題、降低父母的煩惱，這本書不僅是經驗的累積，更是專業的分享，相信能幫助父母找出孩子不專心的原因。

對飽受困擾的父母而言，本書無疑是提昇兒童專注力的必備書；對從事幼教、特教的老師以及兒童治療的各領域治療師而言更有提昇教學與治療成效，令人耳目一新之卓越影響力。

（台北醫學大學醫學系復健學部 主治醫師）

〔出版緣起〕

因為感謝，所以要付出更多

文／張旭鎧

✿民國97年6月30日（星期一）

一大早起來頭痛欲裂，彷佛戴上孫悟空的金箍，卻又不知是誰唸起了緊箍咒，感覺上就像是戴上一頂過小的全罩式安全帽，整個頭被壓迫得無法思考。忍痛到診所上班，誰知疼痛竟已經延伸到肩膀，於是開始尋求復健協助，先熱敷，然後電療。

✿民國97年7月7日（星期一）

眼睛張開看到雪白的天花板，「這不是家裡！」心中喃喃起來。此時耳邊傳來妻子的聲音：「你顱內出血，已經開刀了，現在頭上有個引流管，你不要亂動！」眼睛看到護士小姐將我手上的約束帶拆掉，「我怎麼了？」接著又昏睡過去。

當再度醒來已是早上六點，護士小姐過來問我知不知道這是哪裡？又問我現在幾點？這不是我們在精神科常問病人的話嗎？難道我現在正躺在精神科病房？我不懷好意的回答：「這是什麼地方？你比我清楚呀！現在幾點，牆上有時鐘啊！」護士小姐搖搖頭離開（其實我會這樣回答表示我意識清楚，我的個性會乖乖回答別人問題才怪）。

中間的日子怎麼不見了？我怎麼想也想不起來！我是昏迷了？還是失憶了？隱約中還記得星期二還在喊頭痛、還帶著同事去電台接受訪問的片段，腦中還有看著自己雙腳步履蹣跚的畫面，可是怎麼都兜不在一起？

妻子說，這週中，我的行為模式很單純，早上開車上班，晚上開車回來，然後就倒頭大睡，接著繼續上班、下班、睡覺……，完全沒有進食，整個人昏昏沉沉地，現在回想，當初還能開車，應該是我的意志力過人吧？

✿ 民國97年7月4日（星期五）

同事描述我當天躺在治療室內，眼睛緊閉，但是卻能知道治療室中每個孩子的動向，並且指揮每個孩子進行該有的治療活動，彷彿被附身一般。同事說，這就像是電視中乩童附身的情景活生生出現在眼前一樣。

這天，似乎已經撐到了極限，妻子說，晚上接到了診所的電話，通知我在診所裡已經糟糕到極點，於是全家出動來接我，之後就是一連串的送醫、掛號、急診、住院等手續。

我怎麼了？我的大腦除了腦細胞外，有一群血液不聽話地跑出了血管，擠壓了我的右半腦，簡單的說叫做「顱內出血」，一般稱為「腦溢血」，也就是大家耳熟能詳的「中風」。

印象中隱約記得在急診處，好多醫生跑來問我「一百減七是多少？九十三減七是多少？」這是評估病患意識與認知的基本問句，而我卻能對答如流，大家都認為我沒問題（其實這才是問題，我後來跟大家說，以我的個性絕對不會乖乖回答問題，基本上遇到這樣的問題，我會回答，「自己不會算喔！還要問我」），但是神情、動作都不對，還一直吵著要見老闆（看來我還真的是工作狂，因為該算的員工薪資還沒有算，所以要跟老闆交代），一直到了星期一凌晨，醫師決定進行斷層掃描，這才發現我的右半腦已經被一堆血液、血塊擠壓到左邊，於是半夜緊急開刀。

✿民國97年7月8日（星期二）

清醒後的第二天，在加護病房裡度日如年，視野裡只有潔白的天花板、潔白的隔簾，連時鐘也是白色的，還好有個窗戶可以知道白天或晚上。沒有電腦、手機、報章雜誌，惟一能做的就是輕輕地移動身體，看看心電圖的指數、看看點滴是否該換了，還有摸摸頭上的引流管。

比較快樂的時候就只有會客時間了！看到川流不息的人，總算感覺到我還在人間，家人的到來雖然充滿喜悅，但更難能可貴的是可以見到久違的朋友，看來，住院也不見得是件壞事。

後來，妻子「偷渡」了一支手機進來，於是我開始交代工作上的事情，許多朋友接到我電話，除了驚訝外，一定會帶上一句：「自己學復健的喔！自己做治療就可以囉，不用來找我！」其實在病床上自己早就開始舉手、翻身、抬腳，這不是因為要復健，而是真的很無聊。

待不住了！因為醫生交代要多躺著，所以只要我把病床搖高，護士就跑過來把我壓到床上，然後搖低病床。我開始偷偷找著放下病床欄杆的開關，只可惜躺床太久，體力不足、動作變慢，每次想要偷偷下床都被護士抓到。

醫生被我拗得不耐煩了！原本應該在加護病房住個五、六天的，我住了三天就轉入普通病房。我想，最嘔的應該是加護病房的護士小姐吧！因為離開加護病房的病人中，不論好或壞，都是躺著離開的，只有我可以悠閒地散步離開……。

前後住院約兩個星期，回家休養一個星期就開始正式上班，還記得出院前醫師交待千萬不要過度用腦，免得腦壓升高！接著手機響起，老闆打來的：「出院了好好休養，不要太累，以後耗體力的就交待別人去做，你只要動腦就好了！」啊！我該聽誰的？

宇宙讓我繼續活下去，表示我對這個社會還有貢獻（就是還有利用價值啦！）那我還擔心什麼？應該盡全力為孩子貢獻一切啊！而最重要的就是把這十多年來的臨床經驗寫出來，雖然這次只有失去一個星期的記憶，但難免下次腦傷時，失去的卻是可以幫助孩子的寶貴經驗。

感謝

要感謝的人很多，當然要先感謝家人，尤其感謝我的妻子，她必須不分日夜照顧體重大他三倍的我，還要照顧兩個小孩。當然，我要感謝我的兩位寶貝孩子，由於妳們的狀況，讓我更可以體會身心障礙者家長的心情，我想是妳們讓我真正懂得「同理心」。謹以這本書獻給把我從鬼門關救回來的鄭泳松醫師，以及一直以來鼓勵我寫作，卻在出書前兩個月離我們遠去的黃曼聰職能治療師。

〔自序〕

用心了解孩子，變專心不困難

文／張旭鎧

《五分鐘玩出專注力》增訂了！這五年從臺灣出發、不只到金門、馬祖，也到了大陸東北，還到了馬來西亞，在演講的旅程中，同時也實地觀察每個地區孩子的表現與母親的期望，的確，越來越多家長在意孩子專注力的問題，同時也發現，即使評估起來專注力不成問題的孩子，父母們也都希望孩子能夠更專心！

孩子只是該專心的時候不專心

我們都認為孩子在學習的時候需要專注力，但孩子在看電視、玩平板、組裝模型時，不是也很專心嗎？許多媽媽跟我說，「孩子玩遊戲本來就會專心啊！」因此這證明了孩子並不是有專注力問題，而是無法在應該專心的時候靜下心來，就像是媽媽正在構思晚餐該煮什麼時，主管交代的事情就會丟三落四；爸爸正開車在高速公路上，也容易忽略媽媽在一旁講述孩子發生的事情。難道我們可以說爸爸、媽媽有專注力問題？

在眾多的專注力理論中，會把專注力分為不同的系統，這些系統同時運作以維持我們能做好每件事，像是需要了解工作需要注意哪些目標，又得持續完成手邊的工作，甚至還要注意環境突發的訊息，而一個人的「腦力」有限，要如何篩選必要的注意目標呢？對孩子的大腦來說，會以自己「感興趣」的事物為專注力目標，因此對於「不好玩」的作業、看了就頭昏的課本，大腦自然不會集中注意力！

而爸爸媽媽的小時候，如果寫功課不專心、上課不專心，可能會被罵、被處罰，然而在講求「愛的教育」及「零體罰」的現代，父母及老師變得沒有工具來幫助孩子好好唸書，進而開始認為是孩子的注意力出狀況！想想看，我們小時候都是自願自發拿出作業來寫的嗎？

所以，孩子在我們認為他該專心的時候無法集中注意力，這並不是專注力出了毛病，而是缺乏動機，因此提昇孩子的學習動機是幫助孩子專心的首要任務！

如何提昇學習動機？

要孩子提昇學習動機並不容易！但我們可以先從建立「責任感」開始，讓孩子知道讀繪本是每天必要的功課、寫作業是放學回來必須先執行的任務、甚至坐在餐桌前吃飯是規定的行為，因此這本書中從感覺統合、大肌肉、視知覺等單元來協助建立孩子專注力必要的「生理系統」，讓孩子的大腦先不排斥這些不喜歡的事物，進而有耐力把事情做完，甚至可以做得更快，孩子自然在這個過程中獲得成就感，動機自然提昇！

要孩子上課、寫功課專心，除了動機外，更要幫助孩子有足夠的能力應付課業帶來的困難，例如，書寫能力不佳的孩子，遇到寫國語生詞的時候最痛苦，因為寫到手痠想休息會被罵「不專心」，於是越寫越慢，常常功課寫到半夜還沒完成！

唸書的時候，常有孩子無法把整段文字完整唸完，容易跳行、跳字，這除了需要加強視知覺能力外，更需要養成良好的閱讀習慣。當孩子習慣了閱讀，當看到文字時就不會有那麼大的壓力，這反而讓閱讀變得輕鬆！當孩子經由閱讀累積大量詞彙後，在與人問答、對話時反應速度也會變快，尤其是在課堂上跟老師的互動表現也會變好，許多老師會反映孩子的專注力變好了呢！

✿ 別一開始就認為孩子不專心！

老師、父母如何讓孩子聽話，改善「不專心」的現象呢？觀察與創意是很重要的。孩子本來在路上好好走著，突然衝了出去，媽媽一定認為孩子好玩、不守規矩，但是孩子可能是要衝過去占個位子給媽媽坐！

在教室，寫功課的時間已經結束，老師要求大家把功課收起來回家再寫，卻只有一個孩子還在振筆疾書，老師一定認為他沒有聽到老師講話、不專心。但是，事實上，孩子可能是只剩下一行就寫完了，所以急著完成作業想向老師邀功。

親愛的老師及父母，我們如果可以多一點耐心，好好觀察孩子的行為，我們就可以了解孩子「不專心」的確實原因，是孩子小肌肉力量不夠，寫字寫一會兒就手痠，必須休息？還是孩子視覺的問題，看不清楚、看不懂？

您的孩子在什麼情況下才會專心？有些孩子必須在安靜的環境中才可以閱讀、有些則要在吵雜的咖啡廳中才可以思考。猶記我小時候，若要我專心唸書，房間裡不僅要有聲音，而且還是摻雜有人說話的聲音，於是從小陪我專心唸的就是「相聲」了！

了解孩子「不專心」以及可以專心的原因，除了「對症下藥」給予適當的訓練、鼓勵或尋求治療外，我們更要發揮「創意」，讓孩子對於父母講話、上課聽講產生興趣，這樣孩子才會真正接受到師長、父母的指令，並且去做正確的事。

孩子真的不專心怎麼辦？

如果孩子被診斷有專注力的問題，那表示孩子做任何事情都無法集中專注力，那麼除了書中的各種遊戲仍可幫助孩子提昇專注力，但需要做些小改變，從每天玩五分鐘改為三分鐘，先讓孩子願意接受遊戲，然後再慢慢增加時間，這樣才能幫助孩子專注力的持續性提昇！

而父母最擔心的應屬「不專心的孩子要不要吃藥？」藥物的使用問題需要由醫師及藥師來判斷，因此建議父母多跟醫師討論，千萬不要因為看到媒體報導而斷然停用或多用藥物，這對孩子是沒有幫助的！每個孩子都是獨特的，醫師必須根據孩子的狀況來調整藥物，因此還是多跟醫師討論吧！

這本書的修訂要感謝許多人，而最感謝的是這些年來藉由這本書而進步的孩子，您們的回饋讓我們不斷增加對專注力的了解，並且持續設計更能夠提昇專注力的遊戲及課程！也希望您藉由本書不僅幫助孩子專心，還能擁有和諧的親子、師生關係！

前言

注意力不集中在台灣

孩子是專注力不夠，還是過動？或是過敏呢？很多父母遇上了孩子有專注力問題時，總是會試著去幫孩子找出答案或者找個理由。

有時孩子注意力不集中，可能是教養方式的關係，也有可能是環境誘惑過多，但究竟是不是過動，最好還是交由專家來判斷較為準確。

注意力不集中孩子，以五至六歲居多

在門診時，經常聽到父母一帶孩子進來就開口說：

「我的孩子注意力老是不集中……」

「他做事很不專心，事情做一半就去玩別的東西……」

「我的孩子坐都坐不住，非常好動……」

其實父母多半會注意到這些問題，並且想要帶孩子來看門診，往往是在孩子已經上幼兒園，尤其是以接近五、六歲的中班及大班年齡的小孩為多。

因為小一點的時候，孩子還沒有進入「課業式」的學習，加上父母認為孩子年齡小本來就比較沒有耐心，可是，到了中班或大班，想到即將要上小學了，這些不專心、注意力不集中的問題，卻沒有隨年齡進展到父母期望的標準，於是，父母擔心孩子以後可能成績不如人、學習力不佳，或是無法符合小學上課的規矩，因此，便開始想要尋找醫師或專家的協助，來幫忙「好好維修」一下這些孩子，希望他們從此「改頭換面」，從慢郎中、過動兒、健忘小子，變身成乖寶寶、小博士、小紳士、小淑女。

注意力不集中比例約為3～9%

有些人覺得孩子注意力不集中，就猜測孩子是過動兒，其實，這樣的孩子不一定是過動兒。醫學上說的「過動兒」，正式名稱為「注意力缺失過動症候群」（Attention Deficit / Hyperactive Disorder, ADHD），從名稱中就可以看出，要當個「過動兒」，就要包括有「過動」或「注意力」的問題，目前台灣這樣孩子的比例約有3～9％（**主要因為調查的對象及方式不同，所以，並沒有一個絕對的比例數字**），也就是說，如果一個三十人的班級，便有一至三位過動兒，假如以現在一年約二十萬個新生兒來看，用保守性3％來計算，就代表一年會有約六千位左右的孩子被認為有過動或注意力問題，這樣的數字是頗為驚人的。

不過，還是要先強調，家長不要被數字給嚇到，認為自己的孩子一定也是過動兒，因為過動兒的判斷並不是簡單由家長主觀感受、或曾有老師懷疑孩子有過動傾向，便認定孩子是過動兒；過動兒還是需由專業的醫師或專家仔細評估才能確認，但是，我們可以說，每年至少約六千個孩子會讓父母或老師覺得他們有注意力不集中、好動、衝動的問題。

男女注意力不集中的比例是3：1

而在男女生的比例上又以男生高於女生約為3:1。為什麼男生注意力不集中、好動的比例會高於女生呢？除了有一部分可能是男生生理方面先天上比女生更有體力、活動量較大外，臨床上觀察到一個原因，那就是父母期待不同，造就出不同人格特質的小孩。

很多人都會認為男孩子蹦蹦跳跳、肢體動作大一點是理所當然的，而且甚至覺得男生本來就要活潑、外向一些，所以不少早期有過動現象的男孩子被當成活潑、好動，因而耽誤了治療黃金期；反觀對女孩子的態度，如果看到女生爬高爬低、舉止粗魯，便開口制止，從小就希望把女生教成小公主，最好穿著漂亮又乾淨的衣服，學點有氣質的鋼琴或畫畫，而如果發現自己的女兒像個「小蠻牛」，就會立刻嚴加管教、教導正確的行為規範，甚至希望醫學或教育專家趕快來看一下，女兒是不是活潑過了頭。

孩子真的是不專心嗎？

「孩子是專注力不夠，還是有過動問題？或是教養方式哪裡做不好？還是過敏害了他？」很多父母遇上了孩子有專注力問題時，總是會試著去幫孩子找出答案或者找個理由，因為，父母認為事出必有因，一定是什麼環節出狀況，才讓孩子有這方面的問題。

只是不專心？還是過動兒？

前面我們已經提到了，過動兒的評估必須由專業人員才能判斷，不過，家長還是可以透過一些行為來觀察孩子是否有這方面的問題（請參閱本書最後附表一：觀察孩子是否過動的量表），您可以從進餐時、看電視時、塗鴉時或做作業時、遊戲時、睡覺時、居家或在學校以外的行為，共六個方面去觀察孩子的活動量。

如果測驗出來之後，分數是屬於稍高或很高，而且在教養上已使您大大地感到困擾，那麼建議父母可以帶孩子去接受專業醫師或治療師或心理師來評估是否真的

孩子老是蹦蹦跳跳沒有一刻安靜，是不是過動呢？

是過動兒。

另外，根據精神疾病診斷與統計手冊第四版（DSM—IV）的診斷準則，注意力不足過動症的診斷可分為以下三方面：

1 注意力不良

- 經常無法密切注意細節，或在學校作業、工作、或其他活動上經常粗心犯錯。
- 在工作或遊戲活動時經常有維持注意力的困難。
- 經常看起來不專心聽別人「正對他說的話」。
- 經常不能照指示把事情做完，並且不能完成學校作業、家事、或工作場所的職責（並非由於對立行為或不了解指示）。
- 經常有困難規劃工作及活動。
- 經常逃避、不喜歡、或排斥參與需要全神貫注的任務（如學校作業或家庭作業）。
- 經常遺失工作或活動必備之物（如玩具、作業簿、鉛筆）。
- 經常容易受外界刺激影響而分心。
- 在日常生活經常遺忘事物。

2 過動

- 經常手忙腳亂或坐時扭動不安。
- 在課堂或其他需要好好坐在座位上的場合，時常離開座位。
- 在不適當的場合經常過度地四處奔跑或攀爬。
- 對安靜地遊玩或從事休閒活動經常有困難。
- 經常處於活躍狀態，像馬達般不停轉動。
- 經常說話過多。

3 易衝動

- 經常在問題未說完時即搶答答案。
- 需輪流時對等待經常有困難。
- 經常打斷或侵擾別人（如打斷他人談話或遊戲）。

如果是過動兒，通常在七歲前就會有這些症狀，而且時間超過六個月以上。

不過，過動兒主要可分為兩大類：其一是注意力不良類型，但可能沒有明顯過動的症狀（臨床上稱為ＡＤＤ）；第二，則是合併衝動、過動及注意力不集中的行為（臨床上稱為ＡＤＨＤ）。

如果符合上述症狀六項以上，或不足六項但已經造成學業、人際、情緒、行為等困難者，就有需求請專業醫師或人員協助評估及治療。

因為父母太主動，孩子就被動

有很多的孩子專注力不夠，確實是因為父母教育的方式不太對，舉例來說，很多媽媽表示：每次小孩寫作業都要人盯，如果沒有不斷提醒他專心，寫沒幾行就開始玩橡皮擦等等。其實，當父母老是把「主動權」握在自己的手上，孩子就被訓練成「被動者」，他會覺得反正就是一邊被唸、一邊寫，於是，孩子就被訓練成等著被盯的心態，因此，媽媽的叮嚀有時候也是造成他分心的原因。

周遭引誘太多，要不分心也難

孩子的自制力比較弱且好奇心又高，如果家長要他去寫功課，可是旁邊卻又開著電視，或是窗戶外面有小狗在叫，孩子就很容易分心，所以，為他安排一個單純的環境，讓他可以靜下心來做一件事是很重要的。不過，到底什麼是單純的環境，就需要家長多觀察了，最好是將會引起孩子分心的事情移除掉，那麼孩子就可以進入專心的氛圍裡。

有時環境周遭的引誘太多，像是孩子在客廳寫功課，家人卻在一旁看電視，那麼要孩子不分心都很難。

✿過敏兒高達72％有專注力問題

為什麼過敏會和專注力扯上關係？因為，小朋友處理身體感官訊息的能力是比較弱的，如果一個小朋友有皮膚癢（異位性皮膚炎）的問題，光是想辦法讓自己忘記身體癢或是拚命去抓癢，就已經耗費他不少體力及精力，而且，有時候做功課或看書到一半，癢的感覺又來了，結果越抓越癢，這下他鐵定沒心思好好做功課或看書了。

此外，飲食也是影響專注力的因素之一，有些孩子連睡覺都「不專心」，在床上翻來覆去久久不能入睡，其實是他的能量不夠睡眠時的基本消耗，所以顯得焦躁不安，這時候如果能喝杯溫牛奶、聽點輕柔、緩和的音樂，一會兒之後，孩子就可以安穩入睡。

另外，要提醒家長特別注意「糖果」這件事，目前已有研究證明，如果好動的孩子又攝取過多高熱量、高糖分的食物，那麼孩子有可能像充電過度的馬達小子，變得話更多、更靜不下來、更易分心，這是因為會引起他興奮的食物吃得過量了。

常見過動兒的迷思

很多父母覺得孩子老是坐不住、動來動去，就猜想：「我的孩子會不會是過動兒？」原則上，如果孩子的行為問題，已經讓父母管教無力、老師束手無策，甚至經常發生危險事件時，那麼就應該積極面對問題，讓專家來解答您擔心的疑惑。

過動兒一定有智能問題嗎？

如果您的孩子真的是過動兒（最好有二位醫師或專家都有同樣的認定結果），那麼父母就要積極帶孩子接受治療，目前過動兒的成因並無明確的定論。

不過，過動兒通常和智能（IQ）沒有絕對的關係；有的過動兒可能有智能低下的問題，但有的過動兒也可能IQ非常高；不過，因為過動兒易分心、上課可能經常離開位置、做事沒有持續性，往往導致學習成效不佳，所以，通常學習成績不會太理想。

看電視很認真，這樣會是過動兒嗎？

很多家長會說：「我的孩子雖然做其他事很容易分心，不過，叫他看電視或是打電動玩具，感覺蠻投入而且可以玩很久。」

主要是因為電視或電玩是以非常直接且快速的頻率轉換畫面以及豐富的聲光效果，來吸引孩子的目光，所以，用「看電視很認真」來代表孩子很專心，並不是很恰當，因為實際的生活，不可能永遠都像五光十色的電視。不過，一般來說，如果是過動兒在看電視時，可能還是會有不停轉換節目頻道或是玩電玩時不停換新遊戲的行為，這也是父母可以觀察的地方。

所以，建議父母一天讓孩子看電視或玩電玩的時間最好控制在三十分鐘左右，而且要幫孩子挑選合適的兒童節目，以免受到過量的電視刺激，導致他對「平淡」的上課模式提不起興趣。

但是父母也不需要完全禁止孩子看電視或玩電玩，因為事情有正反兩面，適量的「聲光刺激」可以讓孩子學習處理快節奏的資訊，而且在學校時也能夠和同學有共通的話題，這也是兒童人際交流重要的一環。

過動兒一定要服藥嗎？

過動兒的治療藥物是以中樞神經興奮劑為主，也就是常聽到的「利他能」，父母不要被「興奮劑」給嚇著，心想怎麼讓好動的孩子更興奮呢？其實，這個藥物是用來活化刺激腦部控制行為和維持注意力的部位，所以，服藥之後可以讓孩子鎮定下來，能更加專心去做事及聽從老師的指令。既然稱為「藥物」，就一定有其副作用，像是胃口不佳、影響成長等，但是家長不需要過於擔心，只要能夠密切與醫師配合，就能將藥量調整到最有效的範圍，並且將副作用降到最低，幫助孩子穩定情緒、提高專注力。

而藥物並不是要吃一輩子，透過藥物加上行為治療、感覺統合治療多管齊下，孩子的症狀就會逐漸減輕，如果症狀好轉時，醫師也會視情況減少藥物的使用。

專注力不足與復健科有什麼關係？

簡單來說，復健科就是針對受損的生理功能，用各種恰當的方式，來幫病人恢復健康。復健科是一個大團隊，裡面通常有復健專科醫師、物理治療師、職能治療師、語言治療師、復健心理師、社工師等，主要要看該醫院或該診所的規模，如果規模越大，上述的各種專家就會包羅在復健科裡。

而復健科通常分成兩種服務對象，其一是成人復健部門，另一就是兒童復健部分。成人部分所進行的復健項目，就是多數人對於復健科較為熟悉的印象，例如：五十肩的治療、中風復健、腳踝扭傷治療、肌肉放鬆運動等。

兒童復健科可以為孩子做些什麼？

至於兒童復健部門，則是提供兒童職能治療、感覺統合治療、發展遲緩、語言治療、專注力訓練等治療。所以，如果你的孩子有肢體發展問題、語言聽覺障礙、學習障礙、行為異常、感覺統合不足、發展遲緩、視覺障礙、自閉症、注意力不集中、過動問題、認知功能異常等都是可以尋求復健科的治療。

當孩子來到復健科的時候，專業人員會根據孩子的問題及需求，安排合適的復健治療，所以，並不是把所有專注力有問題的孩子都放入同一套制式的治療課程，而是必須根據這個孩子的問題，幫他安排最需要的治療方式。

專注力不足，看哪一科比較合適？

如果孩子有專注力不集中、過動的問題，除了看復健科之外，兒童心智科（或稱為精神科、身心醫學科、臨床心理科）也是可以看診的科別。

但是像過動兒或是比較嚴重的兒童障礙問題，因為有些醫療院所就醫人數眾多，有可能預約門診、醫師門診、安排評估、等待報告等流程，就要耗上六個月以上，這對於急需幫助或治療的孩子而言，可能會花去太多等待的時間；但是反過來看，有些醫療單位，可能請爸媽填寫表格，最後只花上幾分鐘時間觀察一下，就立刻判斷孩子是過動兒，這又未免太過草率。

所以，建議家長可多安排幾家不同的醫療院所進行檢查，然後再擇一您認為較為合適的單位，例如：感覺醫師很細心、孩子不排斥這個地方、感覺治療方式很有道理、交通較方便等，接下來就開始專心接受該位醫師或治療師的治療。

另外，要提醒父母注意，專注力不集中或過動衝動等問題，並不是像感冒一樣，吃吃藥、多休息，一、兩個星期就會痊癒，它通常需要花上一段時間的治療，而且依每個孩子症狀不同時間也不一樣，甚至有些孩子一直到長大成人之後仍舊有注意力方面或過動問題，因此，家長應該有耐心，而不是任意吃藥、停藥，或是認為只要有上醫院復健，回家就不必在意，這樣治療效果會大打折扣。

以下簡單以表格的方式，讓父母了解各個專業人員在兒童行為治療上的差異性：

	物理治療師	心理治療師
	·改善動作技巧 ·提昇動作穩定度 ·解決力量控制不當問題	·提昇自我控制能力 ·增加自我察覺技巧 ·改善自尊、自信不足 ·降低不當行為及情緒表現
	·動作控制訓練 ·肌肉張力訓練 ·體適能訓練 ·平衡協調能力訓練	·行為治療 ·遊戲治療 ·親職會談 ·心理輔導

兒童行為治療科別

專業人員	醫師	職能治療師
專業範圍	·會談與檢查，了解孩子的整體問題，開立正確藥物及治療處方 ·協助各專業之間整合	·解決孩子日常生活困難 ·從神經生理層面處理注意力不集中問題 ·提昇兒童學習品質
提供服務	·開立藥物 ·家長會談 ·轉介治療人員	·感覺統合治療 ·行為改變技術 ·日常生活能力訓練 ·書寫表現訓練 ·視知覺能力訓練

遊戲筆記

您了解專注力嗎？

經常有家長抱怨，「孩子上課老是不專心」，但到底孩子是注意力不夠，還是專注力不足呢？事實上，我們一般所說的專注力指的是：「高階的專注」不僅要專注的有品質，還要專注的持續。

因此，從小培養專注的好習慣是非常重要的，有高品質的專注力，孩子學習及做事都能事半功倍，更有效率，將來成就自然比較高。

什麼是專注力？

從中文來看，「專注力」和「注意力」是差不多的意思，也就是對一件事專心及投入的程度，不過，嚴格一點來看，「注意力」是英文 attention 的意思，也就是大範圍的注意，例如：拍照時拿起相機，大略看一下畫面就按下快門，並沒有細心注意光線或調整被拍者的角度：

而「專注力」是英文 concentration 或 fouce 有集中注意力的意思，就像拍照時，不但很認真構圖而且能夠準確對焦拍出好照片一樣，兩者不太相同。

可能是沒有興趣，而不是有專注力問題

有些時候家長或老師認為孩子專注力不足或是容易分心，可是卻沒有考慮到興趣和動機的問題，例如：有的孩子寫功課老是拖很久，可能是因為他覺得寫字很

累、寫得不好看又要被擦掉，所以，把寫作業當成苦差事。

所以，有時父母或老師應該先引發孩子的興趣和動機，例如：老師告訴同學只要先把作業寫完，等下老師就會變魔術給大家看。

另外，有些孩子上課一會兒先是手撐著臉，再一會兒就整個人趴在桌上，老師認為他不專心、不認真，可是事實上，卻有可能是他的肌肉張力太低，要他整個人好好撐起身體坐上四十分鐘是有困難的事，所以，有些時候是體能不佳，並不是專注力不好。

高階的專注力

如果是更高階的專注力（像是要專注堆疊積木、抄寫功課等），時間就較注意力縮短許多，這也代表要小朋友非常長時間、很專注做一件事是蠻困難的：

3 歲	→ 6 分鐘
6 歲	→ 8 分鐘
9 歲	→ 10 分鐘
12 歲	→ 15 分鐘

大範圍的注意力

所以，如果是就大範圍的注意力（像是固定坐在位子上、不離開教室等）來說，其注意力因年齡不同，大約是以下的時間長度：

3 歲	→ 15 分鐘
6 歲	→ 30 分鐘
9 歲	→ 45 分鐘
12 歲	→ 60 分鐘

專注力對孩子的重要性

專注力是完成事情或學習新事物重要的基礎，例如：一個孩子要學會寫字，必須專心看、專心聽、專心練習，才有可能在有效率的時間內學會寫字，不然可能光是學會一個新字就要花上很久的時間。如果一個孩子在很多學習上都缺乏專注力，結果就會變成寫字錯字百出、課文背不起來、數學老是連題目都看不懂等，那麼會造成學習困擾，進而打擊孩子的自信心。所以，專注力大大關係著孩子的學習及課業表現。

此外，在生活中，如果孩子也是凡事漫不經心，衣服扣錯釦子、書桌亂七八糟、記不住媽媽交代的事、出門掉東忘西，必定會讓家長傷透腦筋。

所以，從小培養專注的好習慣是非常重要的，有好的專注力，孩子學習及做事都能事半功倍，更有效率，同時也因為專心投入的關係，就能處理更多具有難度的事情，將來成就自然比較高。

專注力不集中的症狀

□學過的東西很容易就忘掉
□剛交代的事情一下子就忘了
□經常丟三落四，弄丟東西
□做事拖拖拉拉，沒有章法或沒有效率
□老是沒辦法依照父母或老師的指令完成事情
□寫功課或考試時失誤的比例高，例如：漏掉第二題沒做，課文漏抄也沒發現
□在工作或遊戲時經常無法維持注意力，很容易半途而廢
□感覺老是在發呆或做白日夢
□很容易受外在刺激影響而分心

從小培養專注的好習慣，可使孩子專心投入學習，更有效率。

專注力不佳，影響孩子未來的表現

專注力不佳除了會影響課業學習之外，很多自理能力或生活技能的學習一定也會比較弱，不過，通常家長最為在意的還是課業學習上的表現。

一旦課業落後，很快地就會延伸自信心的問題，因為可能經常被老師或家長責備或被同學嘲笑，有的孩子會因此變得不想上學或是人際關係退縮，有些較大的青少年甚至乾脆放棄學業，整日沈迷於網路遊戲之中。

此外，目前社會很多時候還是以成績來評斷一個人，所以，專注力不佳的孩子將來就會出現競爭力不足的困擾，而且，等出社會之後，如果還是有專注力不足的問題，在工作上就沒辦法有好的表現，可能會達不到老闆的要求，或是給人做事散漫、粗心的感覺，如此一來，就很難在職場上受到重用。

專注力不夠，要不要看醫師？

一般來說，如果孩子已經經常無法依照老師的要求做完功課，或是無法在合理的時間內做完爸媽交代的事，而且，當父母運用了本書培養專注力的招數之後，孩子的情況依舊沒有改善，那麼就帶他去看醫師吧！不要覺得帶孩子去看醫師是丟臉或擔心孩子被貼上異常的標籤，醫學是強調預防勝於治療的，而且很多的問題，都有所謂的治療黃金期，如果可以及早找出孩子的問題，及早幫他解決問題，對孩子的成長大有好處。

如果孩子總是無法在合理的時間內完成大人交待的事，且情況一直持續，不妨考慮帶孩子就醫，找出問題所在。

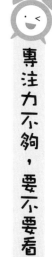

✿過動兒也可以有出色表現

其實，二〇〇八年北京奧運裡，游泳健將費爾普斯就是個過動兒，但他還是榮獲了11面金牌，在奧運裡大放光彩，他的成就相信可以給家中有不專心孩子的家長一劑強心針，也讓我們從另一個角度來看，孩子不專心是疾病嗎？或是他只是有另一種不同的人格特質，只是我們還沒學會如何跟他們相處，只好讓他們的童年在充滿藥物、治療、訓練中度過，然後讓他們慢慢學會如何和我們相處，漸漸的不專心的問題就煙消雲散了。

如果，在孩子小的時候，我們可以改變態度，幫助他們與這個社會進行融合，相信越早介入，父母越早了解自己的孩子，將來不專心的現象是可以大大降低的。

不是治療孩子，而是改變父母

我們在十多年的兒童職能治療中，許多不專心的孩子被改善了，但是，從某個角度去看，職能治療師並不是單純的治療孩子，而是從每次與父母的會談中，漸漸改變父母對孩子的態度，幫助他們看到孩子的優點，陪著他們面對外界對孩子不公平的批評。

社會上有的父母會用和別人比較的方式來看待自己的孩子，結果，往往是造成親子衝突或是讓父母覺得都是自己的錯，甚至造成媽媽發生憂鬱症。所以，一個問題的孩子，影響往往是一整個家庭，而透過專家的協助能讓孩子及父母都得到幫助，這是非常有正面意義的。

所以唯有從父母開始，讓孩子感受到父母的愛，孩子才會願意跟隨父母的腳步，讓自己變得更專心。

尋求協助，了解孩子專注力問題

除了可以直接找醫療單位，例如：醫院中的復健科、兒童心智科、精神科（身心醫學科）、臨床心理科或是相關科別的診所，進行評估及檢查外，也可以請教各地的過動兒協會或基金會，另外，如果是六歲以下的兒童，也可以向各地的早療機構進行諮詢。

家長也能請教學校老師的意見，因為，教學經驗豐富的老師，很多時候也能提供家長一些不錯的建議，但是，如果孩子情況嚴重，通常還是會需要更專業的人員給予更適當的協助。

培養孩子專注力十招

① 一次做一件事

不要同時交代孩子做好幾件事，而是把事情拆開來，一次告訴他做一件事。

例如：「現在二十分鐘內請你先把國語作業寫好，等寫好我再告訴你要再做哪項功課。」

如果孩子中途又問起別的功課或想做別的事，您可以先告訴他：「等你做完國語，再做下一項功課，或是等你寫完，我就讓你去做。」

❷閒雜人等迴避

教導孩子要固定一個標準，例如：媽媽的標準或奶奶的標準（以主要照顧者為主），其他家人盡量不要介入或發表意見。

❸適度獎勵

如果孩子達到父母的要求，父母就要大方給予口頭獎勵或是大力擁抱他，讓他知道家人讚賞他這樣的表現。原則上，物質方面的獎勵，偶一為之就好，盡量不要常用買東西來獎勵他，否則會讓孩子覺得如果沒有買什麼東西給他，他就可以選擇不要做。

④找出不專心原因

從人、事、時、地、物，幫孩子找出不專心的原因，然後一一排除它。

人

孩子寫功課時，周圍有人走來走去、有人講電話講得很大聲、弟弟妹妹在旁邊玩遊戲等。

事

孩子的世界裡，他也有很多事要忙碌！昨天的模型還沒拼好、同學的電子郵件還沒回等等，瑣事縈繞在腦海中，心思也就不在該注意的事物上。

時

一天二十四小時中，當屬早上精神最好，此時的注意力也最容易集中，而傍晚孩子從學校或安親班回家後，相對地，注意力是無法完全集中的。

地

選擇一個適合孩子專心的地點是很重要的！而書房的設計也要注意，孩子想要拿參考書時，若必須離開椅子，這路途中可能有許多讓孩子分心的事物。所以不僅要注意地點，地點的設計也是重點。

物

當孩子要寫作業時，桌上就應該只放當下用得到的物品，如筆、課本、作業簿，若此時桌上還放著點心、玩具、故事書等，孩子做作業時，眼光一下子就被吸引走了。

選擇一個適當的專心地點很重要，孩子寫作業時，桌上應該只有筆、課本、作業簿等，點心、玩具等都應該妥善收藏，以免影響孩子的專心度。

⑤ 找出能幫助孩子的輔具

有的孩子可能看到老師的照片會變得更專心、有的孩子看到書桌前的「備忘小紙條」又會繼續專心寫功課，這就像有的大人需要喝幾口咖啡，就能精力充沛做事一樣，家長可以協助孩子找出能提昇他專心的方法。

⑥ 培養孩子閱讀樂趣

讓孩子習慣經常閱讀，讀什麼都好，可以先從繪本、故事書、漫畫、笑話、報紙入門，然後再慢慢進入文字量多的書籍，讓孩子習慣看到文字就想閱讀，有能力閱讀。不過，要記得盡量讓孩子自己主動去讀，等他讀完再讓他說給大人聽，而不是大人唸給他聽，不然，最後也只是大人讀了很多書。

⑦ 聽音樂，加強聽覺訓練

加強聽覺的訓練也是培養專注力的方法，所以讓孩子專心聽音樂是一個很不錯的方式，不一定要聽什麼樣的音樂，流行歌、兒歌都可以，培養他偶爾進入音樂世界，訓練他專心聽音樂的習慣。

8 建立運動好習慣

六歲以前每天至少運動半小時以上，六歲以後每天至少運動一小時。至於運動項目，家長可以盡量多變化，例如：跑步、打球、戶外運動、在安全地板上翻滾等都可以，重點是讓孩子有跑跑跳跳、伸展肢體的時間，而不是強調技巧，如球打多好、跑多快等。運動不僅能增進身體健康，消耗過多的能量，也能增強孩子的肌耐力，建立專注力的基礎。

9 收集醫療、教育資源

不管是問醫師或老師或是自行上網找資料、看書，都可以收集到很多訓練孩子專注力的資訊，家長可以整合這些資訊做好的判斷，而不是胡亂猜測孩子可能有問題，但是又不知道可以用什麼方式解決。

⑩有時讓「分心」來轉換情緒

「分心」看起來好像是負面、很不受歡迎的狀態，但事實上，分心有時也是一件好事，它可以是一個休止符或轉換情緒的按鈕，當孩子已經心不在焉時，那就給他五或十分鐘先去分心，看要先起來動一動，或是吃小點心，然後再讓他重新回來功課或家事上。

感覺統合與專注力

孩子上課老是發呆或分心，老師才剛叮嚀他專心一點，沒三分鐘他又分心去看路過窗外的小朋友。如果孩子上課經常分心、寫個功課慢吞吞、坐一會就忍不住趴在桌子上，似乎專注力很差，有可能是孩子某一部分的感覺統合失調了。

感統失調的孩子大腦就是沒辦法全心全意只注意「老師在上課」或「我要寫功課」這麼一件事，卻是三心二意什麼事都會去注意。如果確定是因為感覺統合失調而引起的不專心，那麼就必須先改善感統失調的問題。

感覺統合失調會影響專注力？

Q1 孩子老愛原地旋轉是不是有問題呢？

我的兒子今年小二，他每次只要一有空，就開始在原地旋轉，越轉越開心，我光是看了就覺得頭昏，而且，他現在在學校也是，只要是下課有時間就旋轉，讓老師覺得很困擾，所以，我只好帶他來看看到底是出了什麼問題？

上述個案經過幾次評估之後，我們團隊發現這個小朋友有前庭整合不良的問題，他沒辦法因為一般的活動而讓大腦得到滿足，於是，只有以瘋狂似地旋轉，才能讓他覺得比較快樂。

所以，我們後來嘗試以盪鞦韆及旋轉盤的課程來引導並刺激他的前庭覺，同時，也建議這名媽媽帶孩子去學習直排輪，讓孩子能夠得到速度上的刺激，經過一段時日，終於減緩這個孩子不斷旋轉的問題。

Q2 孩子一直反應同學打他、作弄他，該怎麼辦？

我的小孩上課時，老是覺得同學不停地踢他的椅子或是拿東西作弄他，所以，上課專注力很差，後來，我請老師特別留意之後，卻發現根本都只是我兒子自己的感覺，身旁的同學並沒有這樣的舉動，我擔心他會不會有幻聽、幻覺，嚇得趕快來求助專家，孩子到底是怎麼了呢？

案例中的孩子一開始先是求助兒童心智科，可是經診斷後發現沒有心智異常的問題，後來，家長又帶他來復健科。我們團隊評估過後，注意到原來他是「觸覺防禦」過高，也就是所謂「觸覺敏感」的小孩，可能別人只是摸他一下，他的大腦就會解讀成別人是在打他；甚至同學只是動了一下桌子，他就覺得別人在作弄他。

後來我們為他安排了一系列的「觸覺感統課程」，同時協商學校的老師先讓他坐在獨立的座位，然後再安排一些同學和他互動。透過漸近式的接觸過程，孩子不再因為別人的一舉一動而立即受到影響，終於可以專心上課了。

感覺統合與專注力有什麼關係？

「感覺統合」指的就是從外在環境中所獲得的感覺訊息，包括：視覺、聽覺、嗅覺、味覺、觸覺、前庭覺、本體覺。

當我們接收到這些感覺或訊息之後，大腦就要開始進行整理及分析，將需要的訊息留下來，不需要的排除掉，接下來再做出反應或某些行為。

舉例來說：當拿到一顆蘋果，眼睛會看出這

當孩子拿到一顆蘋果，必須透過眼睛看、鼻子聞、手去感覺重量及外表，才能準確判別，這是一顆可以吃的蘋果。

是一顆蘋果（視覺），然後鼻子會聞到蘋果的香味（嗅覺），手的觸覺可以感覺出蘋果的重量及外表（觸覺、本體覺），所以，如果感覺統合正常，我們就會知道這是一顆可以吃的蘋果，而不是認為它是一個紅色的小球。但是如果感覺統合出了問題，例如：聞不出蘋果的香味，或摸不出蘋果的感覺，大腦可能就會做出這是不能

孩子的七種感覺系統

感覺	功能與作用
視覺	觀看外在世界、認識空間、分辨顏色、追視物體
聽覺	學習語言、認識音樂、會轉向音源、注意身旁各種聲音
嗅覺	分辨不同的氣味、分辨氣味的來源
味覺	以嘴巴來感受不同食物的味道、溫度、質感
觸覺	以肌膚去接收外在的資訊，例如：溫度、材質
前庭覺	主要掌管人體的平衡，負責處理身體移動、平衡、速度的感覺
本體覺	又稱為肌肉關節覺，主要與動作控制有關，例如：知道手上物品的重量、腳要抬多高才能跨過階梯等

吃的東西的反應。

所以，孩子必須有良好的感覺統合，才能夠順利接收環境的訊息，而感覺統合失調的孩子在寫作業時，大腦就是沒辦法只收集寫作業的訊息，大腦一下子去關心外面的電視聲、一會又注意桌上時鐘秒針在跳動、拿橡皮擦擦錯字時又覺得橡皮擦QQ的很有趣，因為周圍很多訊息都同時被放大了，孩子也就忍不住去注意身旁的事情，於是作業寫上一、兩個鐘頭還是寫不完，讓媽媽覺得孩子真是不專心。

✿感覺統合易失調的三大系統——觸覺、前庭覺、本體覺

除非孩子有特殊的生理異常，否則一般來說，視覺、聽覺、嗅覺及味覺，通常會隨著年齡的增長，順利發展出各自的功能，以幫助孩子能夠接收外在的訊息，所以，孩子每天醒來自然就會看、會聽、會聞到味道、會吃東西，因此，前四個感覺系統較不容易被忽略，但是感覺統合裡的「觸覺、前庭覺、本體覺」則是三個容易

出現失調的系統。

為什麼會失調呢？主要是因為生長環境的影響。現在孩子生的少，父母或長輩從小就對孩子過度保護，例如：不准他們爬高爬低、活動範圍很小、多半靜態活動等等，因為過多的限制、太少的活動量，於是使得孩子這三個感覺系統得不到足夠的刺激，因而出現失調問題。

✿什麼都不准摸，觸覺出問題

孩子小一點的時候，有的父母或照顧者會在孩子身上穿很多衣服，結果孩子從小觸覺刺激就受到限制；等孩子大一點時，每次想要抓個東西或爬上台階，馬上就被禁止：「危險不可以拿、很髒不能碰、小心不要爬」；於是，孩子只能被關在父母設計的一個「安全」的小角落，結果讓他少了各種接觸環境、感覺環境的機會。

當觸覺失調時，有可能造成他日後學習上的問題，例如：孩子會覺得學校制服穿起來有點癢，於是他上課就動來動去，總覺得衣服不對勁；或是觸覺防禦力太高的孩子，就是不喜歡隔壁的同學碰到他，於是不停地注意旁人的動作，而沒辦法專心上課。

✿不要跑、不要跳，前庭覺出問題

有些父母總是擔心孩子受傷，不肯讓他們跑跑跳跳，整天就是要孩子坐著或是慢慢走，或是長期只安排看電視、看書、畫畫這些靜態休閒活動，結果造成孩子需要用更強烈、更刺激的方式去滿足他們的前庭系統，例如：不停旋轉、動來動去，長大一點還可能會藉由飆車來滿足速度的刺激。一旦當前庭覺失調，孩子上課時可能就會搖頭晃腦、喜歡動來動去，不斷地一再打擾了老師或同學，自己也沒辦法專心上課。

✿ 凡事媽媽代勞，本體覺出問題

很多父母什麼事都幫孩子做得好好的，從小餵他吃飯、幫他穿衣服、幫他拿東西，使得孩子很少靠自己的身體去做事情、去感覺力道。

較大之後，在學校可能走路撞到桌椅、拉開椅子動作非常粗魯、寫字歪七扭八、拿個作業慢吞吞等狀況，因為孩子沒辦法控制好自己的手腳，也不太會拿捏身體力量的大小，而且常因動作笨拙，老是被同學嘲笑或被老師責罵。

感覺統合失調，孩子就會不專心？

專注力和感覺統合是有關係的，舉例來說，當老師在教一個新的國字時，小朋友必須用眼睛專心看、耳朵專心聽、手還要有能力跟老師一起寫；但如果這個小朋友感統失調，他的大腦就沒辦法取捨現在最重要的訊息就是專心和老師一起學國字，於是，他一下子注意老師、一下子要聽別的同學在說什麼，一下又發現外面有好玩的事，馬上想舉手告訴老師。

於是，老師就覺得這個小朋友不專心、東張西望，其實，他可能是感統失調，所以沒辦法專心只處理老師上課這件事，而把所有的資訊都裝入大腦之中，造成大腦混亂。

✿感覺統合良好，學習更出色

「感覺統合」是孩子學習的根基，感覺統合良好時，可以幫助他提昇學習的專注力、加強對環境觀察力、增加挫折忍耐力、良好控制情緒的能力、有自信心等。

因此一個孩子感覺統合能力很好，那麼他不管是靜態的課業學習，例如：聽老師上課、寫做業、畫畫，他都可以專心看、專心寫、專心畫；或是動態的體育課，也能夠跑得快、動作靈活、活動力十足。

此外，因為孩子處理外在訊息的能力很好，相對地他的人際關係也會比較好，因為他能夠控制自己的情緒，和同學相處時，知道什麼行為是別人喜歡的，什麼行為是別人不喜歡的。

如何檢驗孩子是否不專心？

家長除了可以從以下臨床症狀來了解孩子是否有感統失調的問題外，也可以上網使用「兒童感覺統合發展線上評估系統」進行感統失調的評估篩選。

☆**網址**：http://otk.idv.tw/sia（註：本系統僅提供感覺統合異常兒童篩選用，不具任何診斷功效，若懷疑孩子有任何感覺統合問題，請儘速帶孩子就診）

✿生活小測驗，檢視孩子的專心度

☑對於外界感官刺激反應不恰當

對於一般性的感官刺激，他可能會有過度敏感的反應，例如：一點聲響，他就覺得很吵、很大聲；反之有的孩子可能出現敏感度過低的現象，例如：看不出不同物品的差異性、無法留意老師的眼神變化。

☑活動量過高或過低

活動量過高的孩子整天就像蹦蹦跳的兔子，讓照顧他的人覺得疲憊不堪；反之活動量過低的孩子，整天像不動的烏龜，讓人擔心他是否太過內向或是缺乏積極性。

☑**容易分心**

感覺孩子做事時不容易專心，一下子注意這個，一下子又注意那個。維持注意力的時間很短暫。

☑**動作笨拙，感覺肢體不協調**

平時整理書包可能動作慢吞吞，裝個課本老是掉出來；經常讓人覺得他的手眼協調性不佳，例如：接不到別人丟出來的球、蓋個蓋子要試好幾次；另外，可能因為不會控制自己的力氣，有時關門很大聲、拉椅子很粗魯。

☑**沒有大人指令，就不知道要做什麼**

行為組織能力差，沒辦法主動安排自己的時間或是要做的事情，經常給人被動的印象。

☑有人際關係不良的問題

因為反應慢或太過衝動，讓別人不喜歡和他相處。此外，有時情緒轉變很快，讓人覺得太過歇斯底里，而不想和他一起遊戲。

☑給人很懶散的印象

很多時候能躺就不坐，能坐就不站，總是找最省力的動作，所以，會讓人覺得很懶散、不積極。此外，會有一些無意義的重複動作出現，例如：搖晃、抖腳、轉圈。

良好的「感覺統合」有助於孩子正確處理外在的訊息，相對地，人際關係也會比較好。

孩子感統有問題，需要就醫嗎？

上述這些臨床症狀是感統有問題的小朋友可能會表現出來的現象，不過，「感覺統合」發展評估還是必須經過更仔細的問卷調查及專業人員的評估才能做出判斷。

但家長可以從中去注意孩子是否也有這些問題，如果孩子已出現三項以上的症狀，同時他的行為影響生活自理能力或是課業學習，那麼就有需要找專業的醫師或職能治療師來解決孩子的問題。

但要提醒家長孩子如果有感統失調的問題，也不是排滿各種感統課程就能改善，而必須找出孩子失調的部分，並給予需要的治療課程規畫。

評估您的孩子是否有感統問題？

□對觸覺、視覺、聽覺等刺激，有過度敏感或敏感度過低的現象

□活動量過高或過低。過高的像蹦蹦跳的兔子，過低的像整天不動的烏龜。

□容易分心，一下子注意這個，一下子又注意那個。

□動作笨拙，整理書包慢吞吞，裝個課本老是掉出來。

□協調障礙，例如：手眼協助不佳，老是接不到別人丟出來的球。

□行為組織能力差，沒有大人的指令，就不知道下一步要做什麼。

□智能正常，但語言、動作發展遲緩或學業成績落後。

□自我形象差，人際關係不良，因為反應慢或太過衝動，讓別人不喜歡和他相處。

□施力不當，因為不會控制力氣，有時關門很大聲、拉椅子很粗魯。

□維持注意力的時間很短暫。

□情緒轉變很快，讓人覺得太過歇斯底里。

□常有無意義的重複動作，例如：搖晃、抖腳、轉圈。

□感覺很懶散，能躺就不坐，能坐就不站，總是找最省力的動作。

註：如果孩子已出現三項以上的症狀，同時已影響生活及課業，那麼就有需要就醫處理。

怎麼從生活中培養孩子的專注力？

訣竅 1 增加孩子的活動量

孩子必需有各種嘗試的機會並且有足夠的活動量，感覺統合才有辦法得到訓練及整合，良好的感覺統合是專注力的基礎。因此建議六歲以前應該每天有三十分鐘的運動時間，六歲以後應該每天有六十分鐘以上的運動時間。

訣竅 2 可參加感統課程，但不要亂槍打鳥

坊間有很多幼兒園或才藝班開設有「感覺統合」的課程，對多數正常的孩子來說是很好的訓練，透過這些課程或遊戲可以增加多元的感統刺激，讓孩子專注力更集中。不過，要提醒家長，如果孩子已明顯有感覺統合失調，那麼就不是一般性的課程或是固定式的課程就能夠有效改善孩子的問題，而是需要「對症下處方」，而不是亂槍打鳥，否則不只是浪費時間、金錢。

訣竅3 專注力不好，不能只解決感統問題

孩子專注力不集中，經常是多種原因所造成，很多時候並不是單一解決某個問題就可以改善的。所以，「感覺統合治療等於萬能」是一種錯誤的迷思，家長還是應該尋求專業的醫師或治療師的協助，才是正確的做法。

訣竅4 生活中處處是訓練感統的機會

坊間有很多感覺統合的資訊或遊戲，家長從小都可以將這些概念放入生活之中，將來孩子感統失調的機率就會降低。例如：盪鞦韆與溜滑梯都可以提供前庭刺激；攀爬可以促進本體覺整合；「豆豆箱尋寶」與不同材質刷子輕刷肌膚可以幫助觸覺系統穩定；聽音樂可以刺激聽覺系統等等。

訣竅5 快樂的學習方式，大腦才開門

大腦需要在感覺快樂的氣氛中，它才能展現更好的整合及分析能力，所以，父母除了要考慮訓練及刺激之外，也要注意是否有愉快的環境及孩子能否快樂。如果

過程中，他還是不停被責罵或被強迫，大腦的學習成效就會減低，而且會讓他產生負面感受，因此宜盡量讓孩子在快樂中學習，成效更理想。

訣竅6 感覺刺激讓學習更有效率

有些孩子因為感覺刺激的缺乏，無法在課堂上平靜聽講，此時，我們建議老師盡量不要以罰站、罰寫作業的處罰方式，反而可以利用一些具有運動性質的方式，如幫老師跑腿、協助收作業等；來刺激孩子的感覺，讓大腦穩定下來。

訣竅7 做作業前先來場感統遊戲

當孩子在家裡必須靜下來寫功課時，不妨和孩子先來場感統遊戲，像是拍球、跳床等，這類的遊戲除了能給予感覺統合需要的刺激訊息外，更可以消耗孩子過多的體力。活動後，可以讓孩子先擦個汗、洗個澡，喝些溫牛奶讓情緒緩和，接下來就會比較能夠靜下來寫作業。

主題1 貼紙捉迷藏

要準備哪些道具？

請媽媽準備各式各樣的貼紙，包括大小不同及有各式花紋的貼紙，像是圓點貼紙或是有浮凸設計的立體貼紙都可以。幫孩子穿短袖衣褲或是將衣袖、褲管捲高，如果在家中，也可以將衣服拉高露出肚子。

該怎麼陪孩子玩？

請孩子伸出手臂並且閉上眼睛，媽媽在孩子手上不同位置貼上三張貼紙，然後讓孩子用另一隻手來摸出三張貼紙並撕下來。媽媽可以協助計時，看看孩子需要多久時間完成任務。

可以玩出什麼能力？

觸覺整合的目的是讓我們可以正確感知皮膚接受到刺激，進而確認刺激的位置，甚至辨認給予刺激的物品。因此，孩子必須在媽媽貼上貼紙的時候記住觸覺產生的位置，並且在之後根據記憶及手指的觸覺，找出貼紙的正確位置！這樣的訓練正是提昇「觸辨覺」的能力，幫助孩子順利從袋子中拿出東西，也有助於寫字時的運筆技巧。

遊戲小訣竅

越靠近肢體的末端，觸覺敏銳度越高，如果孩子無法找出貼在手臂、大腿或肚子上的貼紙，媽媽可以先把貼紙貼在腳背、手心等地方，先讓孩子容易找出貼紙，接著才會願意挑戰更高難度的位置！

主題 2

音樂木頭人

要準備哪些道具？

請準備可以控制播放音樂的設備，例如MP3撥放器或手機，在地上用地墊或繩子圍出一個圓圈，請孩子站在地墊上準備。

該怎麼陪孩子玩？

請孩子先跟著音樂，當音樂播放時跟著拍手，當音樂停止時就停止拍手。接著請孩子注意音樂，當音樂播放時，孩子就踩著地墊前進，媽媽隨時停止音樂，孩子也必須停止動作。當孩子走順了，可以讓孩子用跑步的方式進行！

可以玩出什麼能力？

許多孩子無法安靜坐下聽課，是因為前庭整合不良的關係，但是如果只是單純地要求孩子奔跑，大腦卻會因為活動過於單調而無法有效整合，因此利用遊戲，讓孩子在不知不覺中開始繞著圓圈跑步，不僅可以獲得前庭覺刺激，更可以訓練孩子的聽覺專注力，幫助孩子上課認真聽講。

遊戲小訣竅

遊戲時媽媽可以做些「假動作」，像是突然向前跨一步，或是突然把手伸起來，讓孩子誤以為音樂要停止了！這樣的動作就是在遊戲中加入視覺專注力的因素，可以增強孩子的反應與判斷能力！

主題3 尋寶箱

要準備哪些道具？

準準備一個置物箱（箱子的高度大約是小朋友前臂約2/3長），裝入適量的各種綠豆、黃豆、大紅豆等豆類，再放入小汽車、硬幣、積木等小物品。

該怎麼陪孩子玩？

媽媽先讓孩子閉上眼睛，然後要孩子從箱子裡撈出不同的指定物，例如：先摸出小汽車，再摸出小積木。

可以玩出什麼能力？

透過接觸大小不同的豆子來刺激雙手的觸覺，同時利用尋寶的動作，讓最為敏感的指尖，得到良好的觸覺刺激。觸覺系統如果完善，孩子就能更專心上課，避免因觸覺敏感而分心。

遊戲小訣竅

閉上眼睛的目的，是希望孩子可以完全依靠觸覺去找出東西，而不要讓視覺來分散觸覺的訓練。

主題4

旋轉椅

要準備哪些道具？

一張有把手且可以旋轉的辦公椅（電腦椅）

該怎麼陪孩子玩？

可由孩子自己用腳踏地板的方式去轉動椅子或是由家長來幫忙轉動或移動椅子，另外，可以加入遊戲的元素，例如：邊轉邊唱歌、用椅子來當汽車，讓小朋友玩起來更開心。

可以玩出什麼能力？

利用家家都有的電腦椅使孩子得到前庭覺的刺激，可以用旋轉、前後左右移動的方式，讓孩子享受速度移動的樂趣。前庭覺發展如果完善，可減少孩子上課時動來動去的問題、下課時也不會老是橫衝直撞做出危險的動作。

遊戲小訣竅

旋轉速度不要過快或時間過久，如果轉到頭暈想吐就表示太過量了，平時要約法三章，叮嚀孩子只有大人在時候才能轉，以免發生危險。

主題5 小牛推車

要準備哪些道具？

媽媽的雙手或家中沙發或滑板。

該怎麼陪孩子玩？

這個遊戲可以完全不需要道具，小朋友先趴在地板上由媽媽站在後面，將小朋友的雙腳抬起來，讓孩子自己用手撐地開始移動；如果媽媽太累了，就改讓孩子腳放在矮沙發上，練習玩伏地挺身；或是改將腳放在滑板上，然後用手移動身體。

可以玩出什麼能力？

利用雙手的支撐力以及身體的平衡來刺激本體覺，讓小朋友雙手更有力、更能控制自己的身體，對於握筆寫字能力、維持正確上課坐姿也很有幫助。

遊戲小訣竅

媽媽在後面推的時候，力量不要太猛，以免小朋友向前撲倒。玩的時間不要過長，以免隔天雙手酸痛。

遊戲筆記

Part 3

大動作發展與專注力

如果一個孩子坐沒坐相、站沒站相、手腳動作不靈活，等進入需要較長時間坐著學習的上課環境後，老師就會覺得孩子很懶散或是讀書態度不積極、不認真，其實，對這些大動作發展不良的孩子來說，有些時候是心有餘而力不足。

因此警覺孩子專注力不足時，可能需要考量孩子的大動作發展是否良好，如大動作不協調或是身體肌耐力不足，就要利用適當的訓練方法來改善問題，因為唯有「背景姿勢」基礎穩固了，孩子才能夠進一步提昇專注力。

大動作發展失調會影響專注力？

Q1 孩子老是扭來扭去像蟲一樣，是什麼原因呢？

小一剛開學沒多久，老師就告訴我們，小孩上課時像身上長蟲一樣動來動去的，尤其是肩膀老是斜一邊地坐在椅子，沒一會兒又改斜另一邊，老師覺得他坐姿不正影響學習，要他坐好，但他就是做不到，孩子為什麼不能乖乖坐好呢？

這個孩子一來到我們團隊的治療室之後，我們開始觀察他的坐姿，結果發現他並不是故意動來動去，而是因為他的大動作穩定度不足，所以當他的大腦下指令要他調整出合適的坐姿時，他的身體就會開始扭動，因為他的身體沒有辦法體會什麼是穩定的姿勢，大腦一直抓不到平衡點，於是身體就不自覺的扭動起來。

後來，我們幫孩子在書桌前面設計了一面鏡子，並在鏡子上畫了肩膀應該擺放的角度線條，讓他可以對著鏡子練習坐姿，把身體調整在合適的角度。透過這種本體覺的刺激，訓練一段時間後，孩子的大腦終於能掌握坐好是什麼樣的感覺了，因此也不會再扭來扭去，上課表現也更加專心。

Q2 孩子上課時腳總會不自覺的動來動去，是過動嗎？

我的小孩在幼兒園上課時，每次一坐下，桌子下面的腳就很不安份，一下子踏地、一下子磨地、一下子又抖啊抖的，老師說這樣不停出聲音會影響同學上課，而且也使得他自己很不專心，所以，希望找出方法讓他的腳不要再這樣動來動去了，該怎麼解決呢？

經我們詢問過上述孩子的家長之後，發現這個孩子坐不住的狀況已經持續半年以上了，在家裡吃飯、看電視的時候，雙腳也會不停的擺動、搖晃，甚至被懷疑是不是「過動兒」？但經我們評估之後，認為孩子僅是為了得到自我刺激，加上持續一段時間已養成習慣所造成。

於是，我們建議家長為孩子準備兩個綁在腿部用的沙袋，然後上課時，請老師幫他綁在膝蓋上方，因為沙袋有一定的重量，所以，他的腳就被固定住了，當他的腳不自主又想動時，沙袋的重量就會提醒他不要亂動。經過一段時間的訓練後，孩子就改掉雙腳老是亂動的習慣，而且因為腳不再亂動，相對地老師也覺得他上課穩定多了。

當孩子的大動作發展良好，「背景姿勢」穩固之後，注意力及學習的狀況也會跟著穩定很多。

大動作發展與專注力有什麼關係？

所謂「大動作」發展，就是指身體大肌肉的動作，透過肩膀、關節、軀幹、四肢、膝蓋等部位，進而表現出爬、坐、走、跑、跳等大動作能力。

身體的大肌肉及關節就是負責穩定身體姿勢的基礎，也就是「背景姿勢」，背景姿勢的好壞，與將來學習及專注力有很大的關係。

舉例來說：當小朋友準備拿筆寫字時，不是只有手部一個動作，而是包括他的肩膀姿勢、他的手臂要放在何處、腳要擺在哪裡、背部要如何挺直等等大動作等，都必須「適得其所」，他才能有辦法或能力，用穩定的姿勢來進行寫字這件事。

所以，如果大動作發展不良，例如：坐姿不正、手無力、肩膀歪斜，那麼小朋友就沒辦法專心看老師上課，手眼也無法協調，這樣一來，字就寫得不漂亮或無法在老師規定的時間內寫完作業，同時也讓老師覺得他不夠專心，缺乏毅力。

✿大動作發展落後三個月以上要注意

受到環境及先天肢體發展的影響，每個孩子「大動作發展」的速度都不太一樣，有的可能快一點、有的慢一點，不過，原則上，還是要符合一般正常生理發展，例如：二歲的孩子應該會自行上下樓梯、四歲的孩子可以單腳跳一下等。（請參見左頁）

如果孩子大動作能力落後同年齡孩子超過三個月以上就要注意了，因為大動作是精細動作的基礎，當大動作發展成熟時，接下來的精細動作，例如：堆積木、畫圖、寫字等，才有辦法做得很好，所以，如果孩子大動作有明顯落後現象時，應該積極找出原因。

各年齡孩子的大動作發展量表

年齡	發展項目
1 歲	· 雙手扶著家俱會走幾步 · 媽媽雙手拉著會移幾步 · 扶著物體自己站起來
2 歲	· 會自己上下樓梯 · 自己由椅子上爬下 · 一腳站立另一腳踢球
3 歲	· 會手心朝下丟球或丟東西 · 不扶東西雙腳離地跳
4 歲	· 不用扶著他或扶欄杆可以自己上下樓梯 · 不扶東西能單腳跳一下
5 歲	· 能以腳趾及腳跟相接向前走 2 ～ 3 步 · 不扶東西能單腳跳 5 次以上
6 歲	· 不扶東西能單腳平穩站立十秒鐘 · 能合併雙腳跳遠 45 公分以上
7 ～ 9 歲	· 能夠跳繩，次數從少到多 · 能夠騎二輪腳踏車
10 ～ 12 歲	· 能夠將之前的大動作能力表現得更好，例如：跳繩速度加快、跳得更遠、技巧更好等

✿ 沒有學爬就學走路，不一定是好的

雖然，「大動作」發展落後太多不利於孩子的成長學習，但是，大動作發展太快，使得某些能力沒有多加練習就略過，或是跳過某些能力發展也是要注意的。最常見的就是孩子沒有學爬，很快就學站、學走路。爬行在成長過程中是一個非常重要的步驟，因為爬行時，孩子的手腳肌膚有很大面積會接觸到地板或所經過的地方，這樣的觸覺訓練是讓大腦得到刺激的很好方式。

此外，爬行也是訓練孩子將來平衡感及四肢協調重要的動作；同時爬行也是關節學習承受身體重量的訓練。所以，孩子錯過爬行階段或是爬得很少，是非常可惜的，建議家長還是應該透過遊戲的方式，讓孩子有機會多爬、多刺激。

✿大動作是由散亂漸進到協調

孩子的「大動作」能力一開始都是不成熟的，但隨著年齡的增長，加上不斷的嘗試及練習，大動作才會越來越純熟，就像學走路一樣，一開始可能是搖搖晃晃、走不遠，但是練習的時間越久，孩子就越能掌握走路的技巧，肢體的協調性就會更好，而且因為關節一再練習承受身體的重量，行走的距離及身體的耐力也會提昇。所以，給孩子足夠的大動作練習機會及環境非常重要。

✿限制太多、活動太少，大動作出問題

現在小朋友很多都有「大動作」能力較弱的問題，因為，從小父母就習慣經常抱孩子或是出門多半坐車，使得孩子少了很多肢體活動的機會，而且有時候孩子嘗試要攀爬遊樂器材時，父母總是告訴孩子，這樣很危險不要爬上去。

於是，現代孩子大部分的時間，多半只進行靜態的遊戲或坐著看電視，大動作也就無法有機會被訓練或提昇技巧，如果大動作的基礎沒有打好，將來精細動作就會失調，進而就會延伸不專心、沒耐心等學習問題。

大動作發展不當，孩子就會不專心？

「大動作」可說是專注力的基礎，例如：一個小二的孩子要專注學習功課或一項新的技能時，他必須先有足夠的體力、手眼協調能力、正確的坐姿等，否則他可能上課沒十幾分鐘，便開始扭動身體、趴在桌子上，沒辦法認真投入學習之中。

而從一些成功的人士就能看出他們的大動作能力也非常良好，例如：鋼琴家，除了手指靈活之外，他們必須有辦法長時間端正坐上幾個小時來練琴；外科醫師除了要有醫術之外，也必須有足夠的體力及肢體協調性才能為病人開刀治療疾病。

此外，上體育課時，那些「大動作」發展不良的孩子就會出現協調性不佳、跑步慢、投球不準、跳繩不斷勾到繩子，給人運動細胞很差、四肢不發達的印象，而且動作笨拙的問題也會影響到課業學習及日常生活，例如：整理書包慢吞吞、老是全班動作最慢的那一個、自理能力差、提重物等需要力氣的事情就做不到。因為很多事都做不好，孩子自然對於課業學習沒興趣，上課也容易有分心的現象。

✿大動作發展良好，精細動作才厲害

如果一個孩子「大動作」發展良好，有辦法走得好、跑得快、跳得高，而且全身協調性很好，那麼就代表他有能力控制全身的大肌肉及關節運動，因為能力好，所以相對自主性也會比較強，老師交代的功課他都可以靠自己完成，自然更有信心，學習成效自然也會比較好。

而且，需要進入更困難的進階學習階段時，例如：較長時間坐著上課、握筆寫字、拿剪刀剪東西時，大肌肉運動能力好的人，就能展現良好的小肌肉運動能力，進而達到出色的表現。

而反觀那些大肌肉能力弱的孩子，動手一會兒就開始覺得手酸、坐不住、達不到老師要求等，可能他也想嘗試繼續進行，但是心有餘力不足，因為覺得根本沒辦法控制自己的雙手，於是，進而也造成學習跟不上同儕進度。

如何檢驗孩子是否不專心？

家長可以透過以下的生活症狀來了解孩子是否有大動作失調的問題，不妨快點試看看。

✿生活小測驗，檢視孩子的專心度

☑很慢才學會大動作能力

一般來說孩子坐、爬、站、走、跳、上下樓梯，都有合理的生理時間，但如果家長發現孩子「大動作」的表現，比一般標準慢了三個月以上就要特別注意。

另外，這些孩子較大之後通常對於學習較難的大動作，例如：騎腳踏車、翻滾、跳高也表現出沒興趣或害怕嘗試的感覺。

☑協調性異常

隨著孩子的年齡增加，手眼協調性會越來越好，但如果到了五、六歲連簡單的丟接球都接不到或是放東西進罐子老是對不準，就要特別注意。另外，進行兩側協調性的運動，例如：投籃、跳繩有困難，也是發展落後的表現。

☑動作笨拙

大動作發展不佳的孩子通常給人動作笨拙的感覺，例如：收東西慢吞吞、走快一點就跌倒、老師要大家排隊他總是最後一個。因為動作笨拙經常達不到老師的指令，小朋友也不喜歡和他一起遊戲或是一起分組。

☑跑跳能力很差

跑步時不但動作不靈活，不小心還可能絆倒自己，上體育課跑步時，幾乎是最後幾名，老師可能會覺得他的跑步姿勢僵硬、不協調。此外，跳躍能力也很差，不管是跳遠或跳高，都達不到同年齡小朋友的水準。

☑站沒站相、坐沒坐相

有些大動作發展不良的孩子給人很懶散的感覺，看起來好像四肢無力，站沒站相、坐沒坐相，所以，經常看書一會兒就整個人趴在桌上，老師通常會認為他學習態度不專心、不積極。

評估您的孩子是否有大動作發展問題？

- □很慢才學會大動作能力
- □協調性異常
- □動作笨拙
- □跑跳能力很差
- □站沒站相、坐沒坐相
- □動作不協調，經常受傷或跌倒

註：如果孩子的大動作問題已經影響到課業及人際，那麼就應該帶孩子接受評估。

☑動作不協調，經常受傷或跌倒

因為動作不協調或平衡感太差，在遊戲或生活之中，經過發生摔倒、撞傷的狀況，也因為這樣有可能更不願意運動或做事動作慢半拍。

✿孩子動作發展有問題，需接受評估嗎？

上述都是都是大動作發展落後的症狀，如果孩子的大動作問題已經影響到課業學習及人際關係，那麼家長就應該帶孩子接受評估，找出孩子肢體發展較弱的部分，由職能治療師或物理治療師透過有效的訓練方式來提昇孩子的大動作能力。

不過，也要提醒家長，每個孩子的優點都不一樣，有些孩子先天運動細胞就是比較好，各種大動作都表現出色，而有些孩子肢體控制能力就是弱一些，不過，至少希望每個孩子都要達到基本的大動作能力，才不會影響將來的學習成就。

怎麼從生活中培養孩子的專注力？

訣竅1 給孩子更多機會動動手、動動腳

父母覺得孩子跑跳能力很差，可是卻沒有想到是因為沒有給他足夠的練習機會，像是跳高的動作，雙腳肌肉必須有跳起來的能力，同時，大腦更要估算出距離以及正確的跳躍姿勢，否則孩子根本沒辦法從平地上跳過一定的高度。

所以，從小父母就應該讓孩子凡事自己來，自己提東西、自己爬樓梯、自己跨過水溝，越多練習機會越能讓孩子的大腦學會控制身體大肌肉的運用，將來自然四肢靈活、手腳俐落，進而也提昇了專注力。

訣竅② 用方法鼓勵孩子多爬行

爬行的動作，能訓練孩子平衡感，並刺激大腦的連結，使孩子將來有能力專心學習。如果想要讓小孩子多爬行可以用遊戲的方式來引導他，例如：孩子七、八個月學爬時，父母可以在前頭利用有聲音的玩具吸引孩子，或是父母跟在身旁陪他爬來爬去。即使是孩子比較大的時候，也可以多玩爬行的遊戲，例如：用枕頭綁在背上，玩烏龜爬行比賽，然後看誰爬得快。

訣竅③ 運動也要適量勿過度

雖然家長要多鼓勵孩子進行大動作的訓練，不過，也不要訓練過了頭，例如：要孩子操場跑十圈、跳繩跳三千下，可能會造成孩子肌肉酸痛或運動傷害，這樣就得不償失了，而且說不定會讓孩子對運動產生反感，覺得這是痛苦的魔鬼訓練。

訣竅 4 參加運動或律動課程班

如果家長本身實在不知道該如何帶領孩子運動，也可以陪孩子去報名游泳班、律動班、直排輪班、舞蹈班等，讓孩子在專業老師的帶領下，培養正確的運動方式及習慣。

此外，對於那些沒恆心的孩子，有了團體同學的刺激，會讓他們更加積極，也能拉長運動的強度及時間。不過，也要提醒家長，如果孩子是明顯有某些大動作發展落後的問題，則應該先找專業治療師來評估合適的運動項目，才能夠有效改善孩子的問題。

訣竅5 四肢發達、頭腦不簡單

有人說四肢發達頭腦簡單，所以，可能認為不一定非要讓孩子有很好的肢體能力，其實，後來證明四肢發達的人，頭腦其實都不簡單，就像王建民除了要具備非常好的投球技術之外，他也必須臨場判斷該用什麼球路來應對不同的打者，而且他必須有很沈穩的性格及思慮。

所以，四肢如果發達，大腦一定不簡單，而且運動員的專注力、耐力、體力往往更是超越一般人，我們不一定要培養孩子成為運動員，但藉由運動讓孩子有良好的體力及專注力是很好的方法。

主題1

爬行蜘蛛人

要準備哪些道具？

請準備童軍繩，交錯放置在地上像是繩網一般，並且將繩子兩端以膠帶稍微固定在地上，另外準備五顆氣球放在繩子的末端。請孩子坐在繩網中間，告訴孩子等一下要用蜘蛛爬，也就是手腳用力把屁股抬高走路，屁股不可以掉下來，不然就會被蜘蛛網黏住！

該怎麼陪孩子玩？

媽媽指定一顆氣球，孩子要用蜘蛛爬的方式到氣球邊，將氣球用大腿與肚子夾住，然後爬過去給媽媽，之後媽媽再指定下一顆氣球，直到所有氣球都拿給媽媽了！如果中途屁股掉下去或是氣球掉了，則要把氣球拿回原位重來！

可以玩出什麼能力？

手、腳、身體的肌肉耐力影響孩子的坐姿與寫作的持續度，而蜘蛛爬的動作，不僅手腳都要能夠用力，身體更要用力撐起來，否則就很容易屁股著地。藉由爬行的持續動作，可以觀察孩子的肌肉耐力持續度，媽媽可以記錄孩子最多可以爬幾步後才坐下來，這就代表著孩子的肌肉耐力程度。

遊戲小訣竅

如果孩子無法蜘蛛爬超過三步，則可以先讓孩子每爬兩步就坐下來休息一次，這樣的方式雖然無法很有效率地增加手腳肌力，但是先給予孩子成就感，孩子才願意持續，將來才會有意願挑戰更困難的動作！

主題2 跑跑跳格子

要準備哪些道具？

這個遊戲適合在戶外進行，只要找尋地上有地磚、磁磚，或是有劃格線的地面都可以。請孩子先練習一步一格向前進。

該怎麼陪孩子玩？

告訴孩子有兩個指令「跑」與「跳」，「跑」指的是跨到下一格，而「跳」則是跨到下一格後再跳到下一格。媽媽先給予孩子「跑跳」指令練習，孩子先站在一格中，然後跨到第二格、再跨到第三格時跳起來停在第四格中。等到孩子熟悉指令，媽媽可以增加難度，例如：「跑跑跳跑」或「跑跳跑跑跳」等。

可以玩出什麼能力？

當孩子要仔細聽指令時，可以訓練孩子的聽覺專注力與快速判斷能力，此外，我們還訓練了孩子的雙腳力量與全身的協調性，因為在跑與跳的轉換過程中，大腦必須能夠只領會身體的協調動作，孩子才能做出完美動作，而這樣的練習除了幫助孩子在體育課表現優秀外，對於一些技巧性的動作，例如：寫字、組裝模型，甚至是學習舞蹈時都很有幫助！

遊戲小訣竅

只有跑跟跳不過癮嗎？我們還可以加上「蹲」、「退」（向後退一格）等指令，不只媽媽下指令，孩子也可以想想要用什麼方式前進，進而達到自我要求、自我練習的目的。以後帶孩子出去，孩子就不會覺得走路很無聊了！

主題3 踩高蹺

要準備哪些道具？

準備兩個奶粉罐（如果孩子年齡小就改用小的醬瓜鐵罐頭），在底部兩邊挖洞，再綁上適合小朋友身高的麻繩，就成高蹺了。

該怎麼陪孩子玩？

爸媽可以做一個大人的，一個小朋友的，然後和孩子一起來比賽，看誰走的遠、走的快，中途也可以放一些障礙物來增加繞行難度。

可以玩出什麼能力？

可以訓練身體各個部位的協調能力以及平衡感。提昇了大動作能力，將來握筆寫字的動手能力、身體坐立、站立的姿勢都會更穩固。

遊戲小訣竅

最好穿上球鞋，腳底比較不會因為罐子邊緣而感覺疼痛。

主題4 投籃

要準備哪些道具？

幼兒專用的籃球組或是平時玩的皮球及洗衣籃也可以。

該怎麼陪孩子玩？

爸媽和小朋友可以比賽誰進球數最多，若沒有籃球框也可以用洗衣籃來取代，如果短距離投得進去，可以把籃框再往後移，增加難度。

可以玩出什麼能力?

利用身體關節及手腕的力量將球拋出去，可以訓練關節及手的力量，同時要投進籃框也可以訓練手眼協調能力。雙手的控制力及良好的視覺能力對於孩子將來學習有很大的幫助。

遊戲小訣竅

剛開始可以用比較輕的皮球，之後可以增加球的重量，讓手承受力加強，也可以帶大一點的孩子去玩投籃機或去小學投籃架。

遊戲筆記

觀察力訓練與專注力

觀察力是學習成效好壞及專注力的基礎，有觀察力才有學習力及專注力，因為同樣的環境、同樣的老師，觀察力強的孩子總是能夠吸收更多的資訊，這樣的孩子好奇心強，也更懂得細心觀察，所以，多數的時間他們能夠集中專注力，專心去探索課業內容或生活新事物。

觀察力弱的孩子，經常需要依賴別人的叮嚀和提醒，所以，學習及反應的速度總是慢半拍，往往給人專注力太差、缺乏上進心的感覺，如果家長或老師能夠幫助他加強觀察力的訓練，將能促使他有更好的學習效果，專注力更集中。

觀察力不足會影響專注力？

Q1 孩子排隊永遠是最後一個，為什麼老是慢半拍？

我的小孩讀幼兒園中班，老師經常反應他上課時注意力不集中，總是無法專心聆聽老師的指令，就像每次排隊，所有小朋友都站起來準備排隊，我的孩子還是坐在椅子上，老師每次都要一對一叮嚀他，他才會有動作；在家裡時，很多事情我也覺得他的反應慢半拍，該如何改善？

案例中的這個孩子除了需要針對他的問題安排其他訓練課程外，我們團隊也發現，他是一個觀察力很弱，導致專注力不良的孩子，所以，決定幫他加強觀察力的訓練。我們先教導他，每次旁邊的同學做什麼特殊動作時，都要注意看，然後趕快跟著做，例如：發現很多同學拿出彩色筆，就得趕快把彩色筆也拿出來。

同時，我們也嘗試和老師溝通，請老師每次交代事情時，可以在小朋友做動作當中再重覆多說一次，讓他有機會再一次被叮嚀，因為類似他這樣後知後覺的小朋友，通常只要適時再傳達一次指令，他的大腦就會有反應，久而久之，搭配觀察同學的動作，這個孩子慢半拍的問題就改善許多，老師及爸媽也覺得他做事更專心了。

Q2 唸課文跳行、寫考卷漏題目，孩子怎麼那麼不專心？

從小三開始我們就發現孩子唸課文的時候，經常會出現跳行問題，例如：從第二行就跳唸到第四行，可是他自己有時根本沒發現，而考試時也經常出現漏一大題沒有寫的情況，這些狀況持續到小四都沒有改善，所以，我們決定帶孩子來看醫師，確認到底是什麼問題？

案例中的家長帶孩子來評估的時候已經是小學四年級，整體來說，除了需要訓練某些感覺統合外，孩子最大的問題就是觀察力不足導致專注力不佳，因為他明明已經看過了，可是卻沒發現課文跳行或是考卷上漏寫了某一題。

所以，剛開始我們決定先採用把文章拆成一行一行的方式，把各個句子散貼在紙上，孩子必需在讀完第一個句子後，再仔細去找出第二句的開頭，而且思考正不正確，才可以開始繼續唸下去；利用這種方式，讓孩子習慣確認過下一行的開頭才繼續閱讀。

至於考卷漏題的部分，我們則教他先留意題號，每次寫完哪一題就先在旁邊空白處寫上題號1、2、3……藉由一題一題的記號方式，解決他漏題目的困擾，而重新檢查時，他也可以每檢查完一題就畫掉之前寫在旁邊的題號，這樣又可以做完整的確認，經過多次的訓練，孩子觀察力及專注力都提昇了，也無須每次都依賴記號的提醒。

觀察力與專注力有什麼關係？

「觀察力」不單是指眼睛所看見的一切，還包括全身其他的感覺器官，聽覺、嗅覺、觸覺、味覺以及痛覺等，對於外界訊息的觀察及感受，一個觀察力強的孩子，對於周遭環境、課本上的重點、同學的情緒、老師的眼神等都能夠留心察覺到變化，他們的專注力也顯得更為集中。

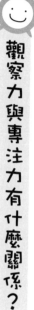

例如：媽媽換了一個新髮型，觀察力好的孩子，一眼就看出來了；而觀察力弱的孩子，只能說媽媽好像有點不太一樣，但是又說不出來到底是哪裡不同。或是老師請小朋友找出課本上兩台車子有什麼不同，觀察力強的孩子，很快就能集中注意力分辨出顏色、車子大小、車窗形狀、車燈位置都不一樣；而觀察力弱的孩子，可能只會說顏色不一樣，其他好像看起來差不多。

大腦的智力提昇是需要慢慢累積、精益求精的，如果一個孩子觀察力太差，他眼中所看、耳中所聽、手中所摸，都只有感受到實際五、六成的資訊，那麼大腦也就只有接收到一半左右的訊息，孩子的學習成效就無法達到理想的表現，也可能會出現專注力不足的問題。

所以，觀察可以說是孩子認識世界、增加知識的管道，有了良好的觀察力才能有學習力及專注力，能促使孩子集中精神去觀察周遭的事物。

✿孩子一出生，大人就在教他觀察力

父母一定都有此經驗，抱著可愛的寶寶對他說：「你看這朵花好漂亮啊！」、「這個餅乾好香啊！」、「這是爺爺、那是奶奶」，這些教導孩子專心去觀察世界、認識家人的行為，就是在訓練孩子的觀察力及專注力，透過大人的引導，孩子會去注意周遭的環境；再大一點之後，孩子便會主動去做觀察，例如：媽媽帶孩子去超市買東西，他可能會告訴媽媽：「橘子和柳丁看得很像，不過，剝開之後裡面長得不一樣，吃起來味道也不同」、「這兩瓶汽水雖然很像，但是右邊的比較便宜」。

所以，孩子的觀察力是循序漸進培養出來的，如果父母從小很少鼓勵孩子觀察或是教導他凡事要注意細節，那麼將來開始讀書之後，孩子就可能因為缺乏觀察力而出現粗心大意、無法注意細節、反應慢半拍、看不出物品的差異性等問題，經常讓家長及老師認為他不夠專心、注意力不集中。

培養觀察力需要動機及環境

當一個孩子對周圍的環境感興趣時，他就會希望去探索、去聆聽、去觸碰，可是如果父母在這個時候阻止孩子觀察或沒有鼓勵他繼續觀察，例如：告訴他不要亂碰、不要胡思亂想、我也不知道、不要想那些沒用的東西，慢慢地孩子就會降低他的觀察興趣，觀察力就會開始退化，因為孩子通常會由大人對他的評價來進行自我認定，既然爸媽不喜歡他這樣做，他可能就不再花時間在某些細微事情上。

孩子就像一塊全新的海綿，需要接觸各種的事物進而吸收，如果父母很少讓他接觸大自然、認識不同的朋友、嚐多種口味的食物等，孩子根本就難以觀察及比較，於是，就會產生觀察力不足的現象，少了觀察力相對就少了專注力。

✿傑出人士都有敏銳的觀察力

社會上許多成功的人士，他們都有非常優秀的觀察力以及很強的專注力，例如：作家可以將一般人眼中平凡的事物，用獨有的觀點寫出見解，或是能夠寫出社會事件裡，別人忽略掉的細節，所以作家在寫作時需要非常專注的觀察力；音樂家能夠透過耳朵來辨別不同音樂有不同情緒，或是聽出細微高低音的差異，所以音樂家彈奏及創作音樂時也需要很好的專注力及觀察力。因此，孩子將來想要成為各行各業裡的專家，那麼他勢必要具有敏銳的觀察力及良好的專注力。

觀察力不足，孩子就會不專心？

觀察力是輔助專注力集中的幫手，所以，觀察力差的孩子，經常會有專注力不足的困擾，例如：老師要同學站起來排隊去上音樂課，如果此時有兩個小朋友都沒有聽清楚老師的指令，但是觀察力好的小朋友，一看見別人站起來了，他就會有所察覺，並且留意到隔壁的同學還帶了笛子，於是，即使他沒有很清楚老師的指令，但他仍可以跟上大家的速度，拿好笛子站起來排隊，並不會造成老師的困擾；但是觀察力差的小朋友，則是東張西望不知道為什麼大家都站起來了，要等老師再次叮嚀他，他才會有所動作，如果老師沒有提醒他要帶笛子，他很可能就忽略了別人都有拿笛子這件事，所以，老師

凡事慢半拍，學習成效自然比較差，可能會間接影響孩子的自信心，漸漸地對學習失去興趣。

會認為他不專心，沒有集中注意力。

因為凡事慢半拍，學習也就跟不上進度，老師會覺得他影響班級效率或是認為他學習態度太過散漫。而孩子本身可能變得沒自信，認為自己很多事都落後同學，漸漸地對讀書失去興趣，上課時更加分心、恍神。

✿觀察力強，學習更有效率

善於觀察的人，通常具有較為冷靜、沈穩、思考的性格，因為他們習慣面對事情時，先眼觀四面、耳聽八方，於是，這些孩子的專注力也會更優於那些做事只看表面或是行事衝動的人。

如果一個孩子善於觀察，他就能夠在很快的時間內掌握環境中的訊息，並且進一步去發掘細微的差異性，他就可以用較短的時間去做知識的理解及分析，事半功倍的表現，自然就能提昇他做事速度及學習的專注力。

所以，有良好的觀察力，可以輔助學習更為專心，使孩子在合理的時間內做出正確的反應，老師會認為這個孩子很專心、有仔細聆聽老師交代的事。

如何檢驗孩子是否不專心？

這些是專注力不足的孩子在觀察力表現上，可能會出現的症狀或情況，您不妨替家裡的孩子測驗一下：

✿ 生活小測驗，檢視孩子的專心度

☑ 察覺不到別人生氣了

觀察力弱的孩子，老是給人反應遲鈍、注意力不集中的感覺，例如：有時爸媽

或老師已經對他某些行為快要生氣了或是已表達出不滿的情緒，但他卻還是無動於衷，甚至最後也搞不清楚別人到底是為什麼而生氣。

☑無法注意老師的眼神指示

老師用眼神做指示時，別人都已經察覺到，他卻沒有辦法理解，例如：老師說今天有一個同學功課沒交，結果老師用眼神看向某位同學時，多數人都能循著老師的眼神找出老師所意指的同學，但觀察力弱的人卻不知道老師在說誰。

☑畫圖時忽略細節

老師要同學進行素描，並提醒同學要注意細節，觀察力弱的人只能畫出輪廓或自行加上不夠寫實的裝飾，即使老師問他：「你不覺得這張畫和實際物品有差嗎？」他可能還是看不太出來。使老師覺得他沒有認真上課，其實有可能是觀察力太差所造成。

☑做體操跟不上腳步

體育課做體操時，除了看老師的動作外，也可以看旁邊同學的動作，而觀察力弱的人不是動作慢半拍就是做不出完整的動作，老師叮嚀他要專心一點，可是他自己卻可能會認為動作和老師差不多，沒什麼不一樣啊！

☑考試時漏掉大題沒寫

考試或寫作業時經常發生漏掉某個大題沒寫的情況，如果問他到底有沒有

評估您的孩子是否有觀察力問題？

- □察覺不到別人生氣了
- □無法注意老師的眼神指示
- □畫圖時忽略細節
- □做體操跟不上腳步
- □考試時漏掉大題沒寫

註：如果發現孩子經常出現上面的症狀，且感到困擾，就有需要帶孩子讓專業的醫師或職能治療師評估。

檢查，他會說檢查的時候明明覺得都寫完了，不知道為什麼會漏掉題目，因為經常反覆出現這種狀況，會使人覺得他根本就是不專心。

✿觀察力太差，若影響課業學習應評估

如果發現孩子經常出現上面的症狀，而且讓父母或老師覺得頭痛困擾時，就有需要帶孩子讓專業的醫師或職能治療師檢查及評估，必須先排除是否有其他的生理問題，例如：視力、聽力異常，再根據孩子的情況，進行更仔細的觀察力測試。

如果確認孩子真的是因為觀察力太弱，才導致各種生活問題或無法專心上課，專業人員就會針對孩子個別的狀況，進行適當的觀察力訓練，找出方法去引起孩子觀察的動機，讓他能夠開啟身體的感覺器官去和外界做積極的互動，只要孩子慢慢掌握到觀察的訣竅，就會如同「大腦開竅」般開始提昇學習的成效，並且改善過去觀察力太差而造成的不專心、粗心大意的問題。

怎麼從生活中培養孩子的專注力？

訣竅 1 處處留心皆學問

生活中各種事情、各種人物都充滿了學問，只要留心觀察、注意，即使是微不足道的小事，都可以從中學習到知識。所以，任何時間、任何場合，都可以鼓勵孩子做觀察的動作，例如：等公車時可以教孩子注意馬路上車子的顏色；看故事書時可以問孩子書裡人物的表情有什麼不同；帶孩子去公園看樹葉的形狀、顏色。讓孩子養成隨時觀察的好習慣，使他的專注力跟著提昇，將來有一天孩子需要用到這些訊息時，就會轉化成他的知識或能力。

訣竅❷ 凡事盡量不要明講只需提示

孩子有太多時候習慣被告訴方法或答案，而缺少中間觀察及嘗試的過程，所以他的大腦就會懶得集中精神思考，因為他已經習慣等別人給他答案。讀書也是如此，如果孩子算數學時總是直接看解答的解法，將來只要題目稍加改變，他就無法變通做答了。

訣竅❸ 提前預習課程

觀察力弱的孩子反應可能會慢半拍，所以，為了幫助他上課注意力更集中，爸媽可以採用提前預習課程的方式，因為提前做了準備，當老師在上課時，他就有更多時間去觀察老師教學的內容，對學習比較有信心，進而減少分心、跟不上進度的問題。

訣竅4 觀察力過了頭，要引導到對的地方

有些觀察力過強的孩子，就有可能出現吹毛求疵的問題或老是注意不該注意的地方，例如：上課時，老師頭髮上的夾子歪了，他馬上就注意到；且他一直在想要不要告訴老師或是轉而注意夾子等一下會不會掉下來。所以，家長或老師應該適時提醒孩子，「你現在只要專心注意上課，其他的事暫時不必管它。」

訣竅5 鼓勵孩子說出細節

老師和孩子討論課業時，可以請孩子說出細節，例如：老師問圖片中的小鳥有什麼特色：「牠的身上羽毛和頭上的羽毛顏色一樣嗎？」、「你們猜哪一隻是爸爸，哪一隻是媽媽？」進行更深入的話題討論，鼓勵孩子用不同角度去觀察事物，並說出他看到的細節。這樣的過程不僅能提昇他的觀察力，也促使他更集中精神去進行思考。

主題1 顏色連連看

要準備哪些道具？

準備一張圖畫紙，並裁成3公分×3公分的小卡片數張，在小卡片上將對角線連結畫線，使得小卡片上有四塊三角型區域。請準備六種顏色的彩色筆，在每張小卡片上選四種顏色塗入三角形中。

該怎麼陪孩子玩？

媽媽抽取一張小卡片，請孩子看看上面有哪些顏色，請媽媽

計時，孩子要將其他的卡片以相同顏色的一邊連結下去，不一定要排成一直線，看看多久可以排完？媽媽接著跟孩子合作，看看可不可以將卡片拼成九宮格，而同一邊的顏色是相同的？

可以玩出什麼能力？

眾多的顏色刺激可以提昇視覺敏銳度，但是同時也混淆了孩子的判斷能力，當孩子要選擇出需要的卡片時，訓練了「選擇性專注力」，加上計時時的時間壓力，讓孩子的警醒程度提高，不僅觀察力更好了，連反應速度也會跟著提升！

遊戲小訣竅

覺得六種顏色太困難？可以將顏色降為四種，但是每片卡片上的顏色順序可以不一樣。也可以將顏色改成同顏色的圖案，像是圓點、斜線、方格、三角形等，相同顏色的辨別則需要更高階的觀察能力！

主題 ②	同中求異

👑 要準備哪些道具？

請媽媽利用電腦打字，先在整張Ａ4紙上打滿「Z」，然後任意將一個Z改為「2」，以這樣的方法多做幾張後列印出來備用。媽媽也可以先打滿「Z」然後找一個字改成「2」。

```
ZZZZZZZZZ②ZZ
ZZ②ZZZZZZZZ②
ZZZZ②ZZZZZZZ
ZZZ②ZZZZZZZZ
ZZZZ②ZZZZZZZ
ZZZZZZZZ②ZZ
ZZZ②ZZZZZZZ②
```

146

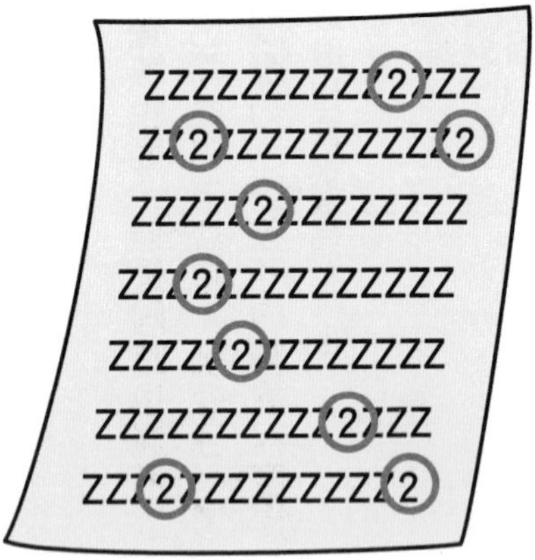

該怎麼陪孩子玩？

媽媽拿出一張設計的題目給孩子看，請孩子找出「Z」在哪裡？幫孩子計時，也可以跟孩子一起找，因為即使是媽媽自己出題，但是也會忘記正確答案在哪裡。當然也可以跟孩子比比看，看看誰先找到！

可以玩出什麼能力？

當眼睛看到許多相同的圖案或文字時，大腦會自動地認為這些圖案都是相同的，對於差別不大的圖案就無法馬上分辨出來，因此對於兒童來說，再做文字檢查時就不容易發現錯字、對於數學題目的細節就不容易察覺，所以常會被老師覺得粗心大意，因此利用這個遊戲可以幫助孩子對於細節的觀察能力。除了「Z」與「2」，還可以使用「8、3」、「b、d」、「跑、跳」等類似的文字。

主題3 數三角形

要準備哪些道具？

準備難度不一的三角圖形表。

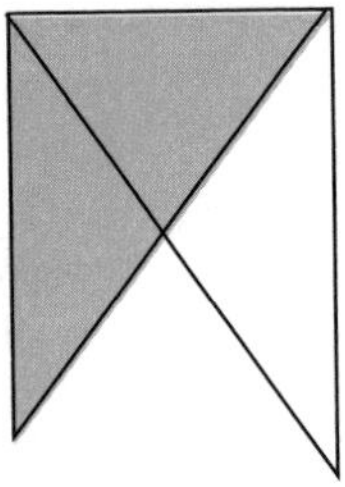

該怎麼陪孩子玩？

第一次先請孩子數數看有幾個三角形，通常孩子會說三個，媽媽再進一步提醒他二個小三角形併起來的大三角形也是一個三角形，最後就會發現總共有五個三角形。

可以玩出什麼能力？

透過多一層思考的題目訓練，鼓勵孩子看得更仔細，一開始孩子多半只看見表面的三角形，訓練之後會使他觀察力更加敏銳，並培養出他的專注力。

遊戲小訣竅

除了三角形外，爸媽也可以設計長方形圖表，一開始難度不要太高，慢慢增加挑戰的難度。

主題 4

找出相機畫面

要準備哪些道具？

使用數位相機拍下家裡客廳多個細微的畫面，例如：沙發的腳、花瓶的邊、牆壁上的貼紙等。

該怎麼陪孩子玩？

家長拿出相機拍到的畫面，讓孩子一一去找出這是客廳的什麼地方。

可以玩出什麼能力？

藉由遊戲方式讓孩子提高注意力去觀察生活中的細節，使他改變過去粗枝大葉的習慣，進而在課業學習更為細心、嚴謹。

遊戲小訣竅

一開始可以故意穿插幾張很明顯的照片畫面，讓孩子覺得自己很厲害，一看就認出來了，慢慢地再加強照片畫面的難度。

遊戲筆記

Part 5

閱讀習慣的建立與專注力

閱讀習慣的建立對於提昇專注力是非常有幫助的事，因為擁有良好閱讀習慣的孩子，很容易就能穩定情緒、專心投入閱讀行為，並且在閱讀過程中，進行大腦的思考及分析，這對於將來適應學校課業學習是一個非常重要的基礎。

如果孩子缺乏閱讀習慣，只要接觸以文字為主的書籍或課文，很容易出現抗拒或排斥感，進而就懶得讀書或是不知道該如何讀書，於是上課時出現不專心、注意力無法集中問題，所以，從小開始建立閱讀習慣不但能提昇孩子的專注力，也能訓練孩子沈穩、靜心的能力。

閱讀習慣不良會影響專注力？

Q1 孩子為什麼只愛玩具，討厭看書呢？

我的小孩從小就對能動手玩或是裝電池就會動的玩具感興趣，我買給他的故事書幾乎都不看，結果上了幼兒園後，也只想玩遊戲類的教具，只要老師開始教認字或是想教他看書，他就會突然大發脾氣、不想閱讀，我和老師都很煩惱為什麼一接觸到書本他就會反彈？有沒有改善的方法？

剛開始家長帶案例中的孩子到心智科檢查，心智科醫師懷疑這位小朋友可能有情緒障礙或是不喜歡老師的教學方式；可是經過觀察後，發現他在生活中沒有特殊的情緒異常，而且換了老師後，依舊沒有解決問題，後來轉來復健科，我們發現原來這個孩子是不願意去面對閱讀這件事。

所以，我們教這位家長先建立孩子閱讀的習慣，一開始先讓他的孩子接觸立體書或拉拉書之類的圖畫書，讓孩子覺得原來故事書也會動，於是願意去聽聽看故事書的內容，慢慢地，再轉入到繪本，一直到小一左右再讓孩子接觸有注音的故事書（橋梁書），只要願意唸出來，家長就會稱讚他。

後來我們追蹤發現，經過長時間的閱讀習慣建立後，孩子不再發生看到文字就生氣的問題，也能夠接受老師的指導，上課專注力也提昇許多。

Q2 孩子為什麼只喜歡上自然課，是有學習障礙嗎？

我的兒子已經小學五年級，只要是遇上寫功課或是唸書就問題一大堆，他對於需要花時間去讀或去寫的功課完全沒興趣，但是，對於自然科學卻非常投入，像前一陣子他很迷養甲蟲，簡直快成甲蟲專家，結果功課幾乎都沒寫，上其他課也都不專心，我很擔心他有學習障礙，該怎麼辦？

經過和案例爸媽溝通討論並評估孩子狀況後，我們發現孩子其實是有足夠的學習能力，最大的問題在於他不喜歡花太長時間去寫功課，而且因為他一直沒有養成閱讀的習慣，所以當他一遇上需要閱讀的課程就覺得很痛苦，沒辦法集中心思在課堂上。

剛開始這位孩子的爸媽表示，孩子經常上網查自然科學的資料，感覺上也有在閱讀，不過，使用電腦時會有動手指、點圖、視窗彈出等動作，這個方式並不等於真正的紙本閱讀。

藉由主動閱讀習慣的培養，將有助於孩子在一段時間內專注投入一件事情。

所以，後來我們建議爸媽先帶孩子去買各種有興趣的書籍，然後將每天晚上七點半至九點訂為全家的閱讀時間，經過半年以上的環境培養，後來又碰上哈利波特的電影熱，他也開始嘗試讀哈利波特這類型文字量大的書籍，慢慢地在學校不專心的問題就解除了，而且寫功課的速度也加快許多。

閱讀習慣的建立與專注力有什麼關係？

「閱讀習慣」就是孩子每天都有固定的閱讀時間，同時他也樂於閱讀、有能力閱讀，當接觸到喜愛的書本時，他會積極、主動想要去讀這本書，當習慣已經內化進入生活之後，閱讀對他來說就像吃飯一樣，是非常平常而且自然的事。

當閱讀習慣養成後，家長會發現孩子比以前更沈穩、更專心，能夠在一段時間內專注投入一件事情。不過，孩子並不是一開始抓到書就知道如何閱讀的，「聽、說、讀、寫」是學習閱讀的必經歷程。

所以，從嬰幼兒階段起，可以由大人說故事給孩子聽，接下來逐漸讓孩子看圖來說故事，這種由大人轉換到孩子身上的過程，就是孩子進入主動閱讀的第一步，也就是改從孩子的角度來理解書裡的內容。

等孩子到了幼兒園中班及大班階段，就能進入初階的閱讀，一開始是先認字，家長可以讓孩子玩認字的遊戲，請他找出故事書中他所認識的單字，接下來再透過

培養孩子閱讀習慣的 6 步驟

年齡與適合書籍		
培養閱讀第一步	一至三歲	由父母說故事給孩子聽，可以選擇以圖片為主的故事書。
培養閱讀第二步	三至四歲	讓孩子嘗試看圖來說故事，或是表達他聽完故事之後的簡單感想。
培養閱讀第三步	四至六歲	選擇有簡單文字的繪本書籍，讓孩子嘗試先聽父母說一次或是自己看注音來讀，然後再說給父母聽。
培養閱讀第四步	六至八歲	依孩子的興趣選擇各種題材、各種型式的書籍，讓孩子去認字看故事，並廣泛的閱讀。
培養閱讀第五步	八至十歲	依孩子年齡及識字能力，開始增加書中的文字比重，讓孩子慢慢習慣閱讀以文為主的書籍。
培養閱讀第六步	十至十二歲	挑選適合年齡的書籍，盡量選擇以文字為主的圖書，並逐漸增加文字的量。

他認識的字來說故事給大人聽，採用階段性、循序漸進的培養過程，隨著識字量的增加，孩子就有辦法進入真正的「閱讀」階段，他能夠一行接一行，把書中的故事唸出來或是獨立閱讀。

過多電視、電玩刺激是扼殺閱讀的兇手

根據國際教育成就委員會在二〇〇六進行的一項全球小四學生的閱讀素養研究，台灣學童的閱讀成績，在全球四十五個國家及地區排名廿二，遠遠落後於第二名的香港和第四名的新加坡。可見得，台灣兒童的閱讀習慣還有待加強。

因為現代父母提供給孩子太多聲光音效強烈的電視、電玩，如果有一個孩子大部分的時間都用來看電視或打電玩，大腦就被養成習慣接收快速、刺激、多彩的訊息，於是紙本文字的閱讀對他來說，就會變成枯燥、單調、不刺激的物品，當孩子

進入幼兒園或小學時，因為對於閱讀沒興趣，加上老師「平淡」的上課方式，孩子就會明顯產生注意力不集中、上課不專心、學習成效低的問題。

所以，唯有適度控管電視及電玩的時間，並將生活一部分的時間撥給靜態閱讀，孩子才能夠養成閱讀的好習慣，同時培養出他的專注力，降低將來注意力不集中的問題。

環境是閱讀習慣養成的基本要件

希望孩子建立閱讀習慣絕對不能缺少「閱讀環境」，就像是希望孩子學會彈鋼琴，就非得有一部鋼琴，而且要花時間去學習、練習，閱讀也是如此，沒有書本，沒有花時間去練習看書，閱讀對孩子來說就是陌生的事。

所以，依照孩子的年齡選擇適齡讀物，每天安排一段全家人共同閱讀的時間，環境準備好了，孩子才能開始建立閱讀習慣及訓練專注力。（閱讀習慣的建立可參考新手父母出版之《江老師的閱讀魔法》）

閱讀是一種樂趣而不是壓力

有些家長可能錯誤理解了閱讀的定義，認為閱讀就是讀課文、背英文單字、唸參考書，並在意閱讀之後的效果或是成績。這是錯誤的想法，因為如果閱讀變成一種壓力，孩子就會排斥閱讀，並使專注力不足問題更為嚴重。

所以，家長要盡量做到快樂閱讀，讓孩子在沒有負擔的情況下，學會靜下來看書，然後用大腦去思考，等孩子建立了閱讀習慣後，將來他面對課業上的閱讀，自然有辦法集中注意力，輕鬆完成需要閱讀後的作業抄寫或是理解學校的書本內容。

閱讀習慣不良，孩子就會不專心？

沒有良好閱讀習慣的孩子，上學後專注力問題就會湧現，其中最常見的就是學習思考速度太慢以及上課不專心的問題，例如：上課時跟不上老師的進度，因為他光是想第一個句子在說什麼的時候，老師已經唸到第三句了，這會讓孩子覺得緊張或不知不覺開始分心。

而有的孩子會採取排斥的態度，覺得要讀懂一長串的文字很困難或是不知道該從何下手，於是，上課時聽多少算多少，當老師問他書本上的問題時，他一時也反應不過來，使得專注力太差以及理解力太弱的問題越來越嚴重，事實上，是因為缺乏閱讀習慣的基礎，難以在上課的短時間內消化書本上的文字。

建立良好閱讀習慣，思考速度才快

反過來看，一個擁有良好閱讀習慣的孩子，在學校讀書時就會比沒有閱讀習慣的孩子，更快融入老師的教學，因為他能夠輕鬆看完書上的文字，並且在大腦中進行了思考及分析，於是當別的孩子還困在茫茫字海裡時，有良好閱讀習慣及能力的孩子，就可以更專心投入學習，不用擔心課本文字會讓他「腦袋卡住」。

此外，孩子學習時的表現也比較沈穩，因為他已經習慣看書時要平心靜氣，要逐行逐字閱讀，並有能力一邊讀一邊思考，所以，當他上課看到文字時就會發揮「讀書時的模樣」，不會蹦蹦跳跳或隨意翻這頁、看那頁，心不在焉，無法進入狀況。

這樣的孩子通常也都具有良好的表達能力，因為他們在閱讀的過程中，學習到了更多的語詞、句子，同時也理解了故事前因後果的順序，所以，在敘述一件事時，他們可以變化豐富的用詞，而且能夠把事情有條理地清楚說出來，這樣孩子在學校表現自然出色，也對自己更有自信心，專注力也更集中。

如何檢驗孩子是否不專心？

專注力不足的孩子在閱讀習慣表現上，可能會出現下列的症狀或情況，值得家長費心注意。

生活小測驗，檢視孩子的專心度

☑讀書總是跳行跳字

每次看書或唸書時，經常詞語或句子會斷在不恰當的地方，或是某幾個字沒看到，甚至直接跳過一行也沒發現，導致老師認為他很粗心、不專心或是有學習障礙。其實，這樣的孩子可能是因為缺乏閱讀訓練，導致視覺追視能力不足。

☑數理成績好過國語歷史成績

有的孩子如果碰上不需要閱讀太多文字就能理解的課程，例如：數學、自然、美術，他的成績就表現得都很出色，但只要是需讀較多量文字的課程，例如：國語、歷史、地理，成績表現就不理想，對於學習不同科目，他會出現高低落差的專注力。

☑看電視或玩電玩時就可以專心

孩子在課業學習時總是給人不專心、散漫的印象，但是一碰上看電視或打電動玩具時，他卻又可以非常投入及專心，給人雙重模樣的感覺。

☑遇到需抄寫作業就鬧情緒

一般上課情況都還算正常，可是一遇到需要專心逐一抄寫作業或讀課文時，就變得很不專心，無法集中精神，甚至到最後還會開始生氣或不想完成作業。

☑只愛看以圖片為主的課外讀物

孩子每次挑選課外讀物，總是圖片多過於文字，對於以文字為主的書籍提不起興趣、無法專心閱讀，而且讀書時多半只讀標題和看圖片，並沒有仔細閱讀裡面的文字敘述。

✿嚴重抗拒文字會造成課題問題

如果家長發現孩子有上面這些症狀，好像一提起閱讀就像是他的仇人，此時就要考慮孩子有閱讀習慣不良的困擾，如果情況已經嚴重到影響上課學習，例如：幾乎天天無法順利完成功課、不管花多少時間課文就是背不起來、老師上國文、歷史課他多半都在發呆，那麼就需要尋求專家協助來找出孩子的問題。

因為閱讀是學習成效及專注力的基礎，如果孩子不趁早克服閱讀障礙的問題，一旦學習成效低落，孩子可能經常被老師或父母責備，久了他就更討厭讀書，認為讀書是痛苦的事，專注力不集中的問題也會更加明顯，並會延伸出其他人際、課業問題，甚至採取放棄學業的心態，這對孩子一生將造成巨大影響，家長一定要正視。

評估您的孩子是否有閱讀問題？

- □讀書總是跳行跳字
- □數理成績好過國語、歷史成績
- □看電視或玩電玩時就可以專心
- □遇到需抄寫作業就鬧情緒
- □只愛看以圖片為主的課外讀物

註：如果情況已經嚴重到影響上課學習，那麼就需要尋求專家協助來找出孩子的問題。

怎麼從生活中培養孩子的專注力？

訣竅1 建立全家閱讀時間

父母是孩子模仿的對象，如果父母從來不讀書，如何要求孩子花時間去看書呢！因此，最好每天家庭活動中有三十至六十分鐘的閱讀時間，爸爸媽媽可以讀報紙、雜誌，大孩子可以看他自己的書，如果有年幼的弟妹，則安排他們進行畫畫類的靜態活動。每天定時的閱讀習慣建立，有助於提昇孩子的專注力，並讓他習慣在規定時間內進行單一的事情。

如果家中有阿公、阿嬤，父母不妨在阿公、阿嬤的房裡另外準備一台電視，請他們電視不要開太大聲，這樣就能解決長輩想要看電視的狀況。

訣竅 2 不只閱讀更要「悅讀」

閱讀是指在快樂的氣氛下去讀各種讀物，而不是被父母逼迫一定要唸完某一本書，所以，父母應該把閱讀營造成輕鬆又有趣的事，找出孩子喜歡讀的主題，讓孩子覺得這是全家人聚在一起的 happy time。只要培養出閱讀的興趣，以後即使是看課本，對他來說也是一種不同題材的讀物，上課時他也會更加專注且投入。

訣竅 3 讀完之後和他一起討論

想要知道孩子有沒有把書讀進去，最好的方式就是事後討論，等孩子讀完之後，大家來說說看有什麼看法，或是嘗試一起來改變故事的結局，如此一來就能引起孩子閱讀的興趣，這樣的方式也能與老師上課模式結合，孩子會習慣專心上課，然後有問題時可以和老師討論。

訣竅 4 字體由大到小

閱讀需要視覺對焦的能力，如果一開始字體就很小，孩子就沒辦法專注在文字上，因此，先從字體大的書本開始，慢慢再調整閱讀的字級大小，通常學校課本都會依孩子的年齡調整適當的字級。

訣竅 5 文字由少量到多量

學校課本的文字量也是從少量到多量，所以，培養孩子閱讀時家長也要依此規則去調整，例如：從繪本進階到橋梁書再到文字書，這樣孩子就不會排斥越來越多文字的學校課業，而且如果能夠培養出閱讀大量文字的能力及喜好，孩子閱讀的範圍就會擴大，書籍選擇性也會大大增加。例如：有些孩子喜歡讀文字量很多的武俠小說，這代表孩子已經可以融入複雜的劇情，可以花長時間去做靜態活動，無形中就提昇了專注力。

培養孩子的閱讀習慣時，
文字量應從少至多。

主題1

話中有畫

要準備哪些道具？

請準備大小一樣的白紙（建議從A5一般列印紙張A4的一半開始）數張，還需要一盒彩色筆，媽媽先在一張紙上畫上三角形、正方形、圓形、長方形等形狀組合成的幾何圖案。

該怎麼陪孩子玩？

將彩色筆及白紙交給孩子，媽媽只用「說」的方式告訴孩子紙上圖案的位置，而且不可以糾正孩子畫不對的地方，等到媽媽描述完後，將圖案給孩子看，比較一下有沒有一樣！

可以玩出什麼能力？

閱讀能力不只是看得懂字、唸得出字，更要能夠理解辭彙、語句的含意。在這個遊戲中，孩子必須從媽媽的描述來判斷什麼圖案要用什麼顏色畫在什麼位置，甚至要能理解媽媽所描述的圖案與圖案之間的相對關係。才能對於理解能力能有足夠的訓練，甚至有助於孩子學習正確表達的技巧！

遊戲小訣竅

只有孩子畫是不好玩的，可以媽媽和孩子各拿一張白紙，輪流出題，看看最後畫出來的有沒有一樣！

主題2 文字連連看

要準備哪些道具？

請準備報紙或是孩子看得懂的文章、雜誌等，再準備一枝鉛筆。請孩子先把報上的一篇專欄讀過一次。

該怎麼陪孩子玩？

當孩子讀過一次文章後，由媽媽出題，根據文章挑選出五個字，請孩子在文章中圈出媽媽所說的五個字，並且根據題目順序圈起來。如果找不到文字，可以請孩子再把文章讀過一次！

可以玩出什麼能力？

在文章中找出特定的文字，需要的不只是觀察力，更需要「選擇性專注力」，這對孩子來說同時訓練到了閱讀技巧，以及尋找文章重點的方法，對於將來閱讀測驗是有幫助的！對於閱讀時會跳躍的孩子，可以訓練規律閱讀的能力，將來就不會跳行、跳字。

遊戲小訣竅

如果文章太長或是孩子閱讀技巧不好，可以先從小段落，並且文字尋找的順序跟閱讀的順序相同，這樣可以幫助孩子提昇視覺掃描的技巧，並且養成順序閱讀的好習慣。

主題3

找關鍵字

要準備哪些道具？

備各種圖形表或中英文字母表或自己動手設計穿插孩子姓名的圖表。（可參考《5分鐘，玩出專注力》系列套書、《125遊戲，提升孩子專注力》系列套書）

該怎麼陪孩子玩？

一開始先從找圖形下手，例如：要孩子在一堆圖形中找出三角形；進階再進入找英文字母，例如：在各種字母圖表裡找出字母C；再進入認名字階段，將名字拆開散放入眾多相似字之間，讓小朋友找出他名字的字。

可以玩出什麼能力？

透過找尋的遊戲方式，讓孩子對於認圖形、認字感到有趣，經過一段時間的練習，孩子會習慣把心靜下來找圖或找字，進而培養出他的專注力。

遊戲小訣竅

媽媽也可以影印故事書或利用報紙文章，讓孩子把「我」、「你」等常見字圈出來。

主題4

沒有結局的故事

要準備哪些道具？

準備孩子能力範圍內能閱讀的故事書，故事內容必須是孩子沒聽過的。

該怎麼陪孩子玩？

家長每次說故事時，總把結局留到明天，當孩子急著想知道結局時，那就建議孩子自己拿起書把結局找出來。

可以玩出什麼能力？

利用孩子的好奇心，讓他主動去閱讀，慢慢養成他看書找答案的習慣，進而提昇他的求知慾及專注力。

遊戲小訣竅

家長要記得說到最後緊要關頭時，把劇情加油添醋一番，引起他強烈興趣感，然後把故事停下來。對於上了小學的小朋友，爸媽不妨鼓勵他「創造」結局，因此，隨著每次閱讀的不同體會，孩子可以創造出不同結局。這不僅讓同一本書具有多次閱讀的樂趣與價值，更可以培養孩子的創意表現。

遊戲筆記

專心習慣的養成與專注力

訓練孩子專心的習慣，等於是訓練孩子的專注力，因為良好的專注力就是要擁有不易分心、持之以恆、做事有效率的能力，而這些能力，透過專心習慣的養成就容易達成。

不過，「專心」對孩子來說，是一種抽象用詞，父母經常對孩子說：「你專心一點」，可是孩子卻可能無法了解什麼叫做專心一點，所以，透過這個章節的方法運用，可以讓孩子了解該如何養成專心的習慣，將專心落實在生活中，加上媽媽及老師的鼓勵，慢慢地孩子注意力不集中、分心的問題就會明顯得到改善。

集中力不足會影響專注力？

Q1 孩子在家裡做事非常不專心，需要檢查嗎？

我兒子讀幼兒園大班，他在家裡的時候，我叫他做什麼事情，他經常都不配合，感覺是右耳進左耳出，就算我提醒很多次，他還是非常不專心，有時候連回答我的問題都答非所問，可是，老師卻說他在學校沒有這些問題，我覺得很奇怪，是不是該帶他去檢查？

經過和學校老師討論及觀察之後，我們發現這個孩子的專心是有環境上的差異，因為學校老師很懂得孩子的心理，總是用鼓勵的方式去引導孩子做事，加上同學之間的刺激，所以，孩子在學校表現很正常，沒有不專心的問題。

反過來看，這位孩子的家長總是習慣用命令的方式要求他做事，如果孩子表現不好，家長就會罵他，造成他的叛逆、對抗心理，他故意和家長唱反調。後來，我們教家長改變管教孩子的用語，並請家長和孩子一起來我們這兒學習良好的親子溝通技巧。在很快的時間內，孩子就改變了，過去心不在焉、答非所問的問題也消失了，家長發現原來他的孩子是能夠專心也可以溝通的。

Q2 孩子寫功課非常不專心，該怎麼解決？

我讀小一的孩子，最大的問題就是寫功課太不專心了，字寫得龍飛鳳舞經常超出格子，而且常常寫一半就去做別的事，我幾乎每天都要為他寫功課大傷腦筋，現在他已經升上小二，我覺得一定要請專家來解決他不專心的問題才行，到底該請誰幫忙呢？

上述的這個孩子是個明顯沒有養成專心習慣的例子，因為他習慣寫功課時，大人說到哪裡就寫到哪裡。所以，後來我們請爸媽準備一個計時器，寫功課之前先請大人和孩子討論大概需要多少時間才能完成一項功課，並約定好如果時間內寫完功課，就可以得到一個「乖乖章」。

因為有了計時器的管理，大人暫時能夠離開孩子旁邊，慢慢地計時器設定的時間也越來越短，然後大人才又進一步要求孩子字要寫漂亮一點，當孩子專心習慣養成之後，不但寫功課問題改善了，做其他事也更有效率，在學校也變得更專心。

專心習慣與專注力有什麼關係？

「專心習慣」就是養成孩子每當投入一件事情時能夠有恆心，而且集中注意力直到事情完成。而專心習慣養成的第一步就是要先找出動機及興趣，例如：父母說完成功課之後可以看電視，那麼孩子就有趕快寫功課的動機，因為有動機讓他可以專心做這件事，不會寫兩行就跑走了。

另外，有些父母覺得孩子寫功課時需要大人催促，但是打電動玩具卻非常積極主動，這是因為他對電動玩具有興趣，有了興趣他便能夠專心且持續地去做這件事，並不需要大人三催四請。

所以，父母希望孩子做事、讀書、寫功課可以專心，最重要的就是引發他內心的動機和興趣，先有了內在的驅動力，接下來再使用一些正增強物或行為技巧，就能讓孩子持續地做下去，久而久之，即使之後沒有了增強物，孩子還是可以專心讀書或寫功課或做其他的事情，因為專心已經變成了他的習慣。

舉例來看，父母訓練孩子去馬桶上廁所，剛開始只要孩子願意去馬桶上廁所，就給他一顆糖果，慢慢地經過一段時間後，當孩子對糖果已經疲乏之時，媽媽就試著將糖果抽掉，改用言語大大稱讚他，將正增強物改為稱讚，等孩子去馬桶上廁所變成一種習慣後，即使沒有糖果或稱讚，孩子仍然會主動去馬桶上廁所。

✿正增強物是引起動機及興趣的幫手

想要讓孩子有動機或興趣，「正增強物」是家長及老師最常運用在改正孩子行為或吸引孩子注意力的方法，簡單來說就是獎勵。獎勵的方法有非常多種，主要是看這個孩子對什麼樣的獎勵有興趣，例如：糖果、看電視、口頭稱讚、買玩具等等；通常年齡幼小的孩子適合給予比較立即、直接的增強物，例如：獎賞糖果、抱抱他、稱讚他等，而幼稚園及小學階段的小朋友，則可以利用以下步驟來給予正增強物：

❶ 採用集點的方式

例如：做到什麼樣的事情或要求可以得到幾個「乖乖章」或幾張「好孩子」貼紙。

❷ 事先訂好兌獎的標準及內容

例如：集5點可以換什麼樣的獎品、集10點可以換什麼樣的獎品……。

3 把集點的表格貼在明顯的地方

這樣可以提醒孩子隨時想到集點這件事。

4 爸媽說到一定要做到

不可以事後隨便敷衍，這會讓孩子對集點失去信任感。

5 獎品價值要適當

不要一開始就把孩子胃口養大，否則父母很快就變不出花招或是孩子已對獎賞麻痺，最好能穿插一些非物質性的獎品，例如：幫他吹頭髮、比平常晚睡二十分鐘等。

6 不可以因為孩子哭鬧或一時心軟

父母就破壞規則，這樣會讓他覺得只要耍賴就能要到東西。

所以，家長要多變化正增強物的內容或是一段時間後改變集點的方式。

⑦孩子容易對固定的正增強物產生疲乏之感

✿一個月的時間才能真正變成習慣

藉由正增強物的運用，孩子就會有動機及興趣去進行老師或父母希望他專心的事，例如：寫功課、上課專心、做家事等，這樣的過程就是訓練孩子專心的習慣，這比經常用口頭要求孩子：「專心一點、不要分心、要負責任」更為實際，因為專心對他來說是抽象用詞，孩子不易理解大人或老師要求的是什麼，所以，透過實際的方法運用，漸漸地就能改善孩子不專心、專注力不良的問題。

有了動機及興趣，接下來家長要注意持續的問題，否則如果只是幾天的熱情，過幾天老毛病又犯了，那就達不到效果。因此，家長進行一項行為改變計畫時，必須持續至少進行一個月的時間，家長要隨時去看孩子的表現。

善用正增強物的力量，讓孩子知道爸媽非常關心這件事的進展，孩子就會繼續努力下去，經過一個月左右的時間，爸媽會發現孩子已經可以專心去做某件事，把某件事內化成習慣了。

把電玩、電視轉為正增強物

很多孩子看電視或是打電動玩具時，都表現的很專心及投入，家長會覺得看到孩子能主動專心做一件事是好事，可是，偏偏他選的卻是會讓他之後無法靜下來的電視及電玩。

建議家長如果孩子喜歡的是電視、電動玩具、電腦，不妨就把這些轉成正增強物，像是寫完功課可以看三十分鐘電視，這樣孩子也會感興趣，家長也不用擔心孩子沒有節制的看電視或打電玩。

所以，很多東西都可以包裝成「正增強物」，就看家長能不能多花點巧思。

孩子的專心習慣養成訓練表

♥希望孩子做到的事：每天自己整理書包，包括：削鉛筆、請家長簽連絡簿、準備要帶的學校用品。

♥點數：如果每天八點前自動自發整理書包，可得「兩點」；如果是八點後爸媽提醒才去做只能得「一點」。

♥獎品：「集十張貼紙」，爸媽就陪他騎三十分鐘腳踏車。「集二十張貼紙」，假日有一餐讓孩子決定全家人要吃什麼、爸媽再說一個好聽的故事。

日期	欲完成事項	獎勵
星期一	□削鉛筆 □連絡簿 □學校用品	👍👍
星期二		
星期三		
星期四		
星期五		
星期六		
星期日		

沒建立專注習慣，孩子就會不專心？

「專心習慣」和專注力有著非常大關係，專注力指的是孩子能夠集中精神持續去做一件事，培養孩子的專心，也就是在培養他的專注力，有專心的好習慣，就會有好的專注力表現。

此外，已經建立了專心習慣的孩子就懂得專心是什麼感覺、要如何去做專心的動作。

例如：老師說：「我希望你們在三十分鐘內，把這兩課課文抄一次」，已經有專心習慣的孩子，就會留意時間，然後看一下課文，如果他發現課文內容很多，需要寫快一點，他就會停止和別人聊天，趕快拿出簿子和筆專心抄課文；如果缺乏專心習慣的孩子，可能會先東摸摸西摸摸，雖然也開始抄課文了，可是沒有時間概念，而且看到旁邊有什麼好玩的事，又分心先去玩別的東西，結果第一個孩子可以在時間內完成老師交代的事，第二個孩子則被老師責罵不專心。

所以，有專心習慣的孩子做很多事情都能展現專注力、恆心、態度積極、有效率的表現，而沒有專心習慣的孩子，容易分心、抓不到專心的方法、不懂得事有輕重緩急之分。

專心的相反就是散漫、分心

專心是可以養成的，而散漫、不專心其實也是日積月累所導致的行為，如果孩子凡事漫不經心、做事態度隨便、不在乎課業表現、弄丟東西也無所謂，多半是因為家長沒有從小就改正他散漫、不專心的習慣，所以，經過一段時間的養成，這些惡習就在孩子身上定型了。

所以，父母不要覺得孩子太小不懂事或是習慣幫他善後，而忽略孩子已經出現的不良習慣或是不專心的態度，因為，等到上學之後，這些問題就會影響他的課業學習、人際關係，以及老師對孩子的評價，日後反而必須花更多的時間及耐心，才能導正他散漫或無法專心的問題，所以，盡早養成專心的好習慣對孩子大有益處。

如何檢驗孩子是否不專心？

這些是專注力不足的孩子在專心習慣表現上，可能會出現的症狀或情況，您不妨觀察看看。

✿生活小測驗，檢視孩子的專心度

☑學習新事物能力很弱

當要學習新的功課或新的技能時，孩子就好像無法進入狀況，感覺很容易分心，提不起興趣，沒辦法快速理解或短時間內適應新的事物。

☑寫功課、讀書一定要有人盯

寫作業、讀書、做勞作等一定要爸媽或老師不停盯著，一再提醒，否則經常功課沒做完或是寫得非常潦草、隨便。

☑做事總是要三催四請

家長或老師要孩子去做一件事時，例如：去整理房間、去寫功課，總是要三催四請，每次叮嚀他快去做，他可能會說：「好，等一下。」可是卻遲遲沒有動作。

☑生活不規律

生活規律性差，例如：三餐吃飯時間不一定，睡眠也不固定，沒有習慣什麼時間一定要做什麼事。

☑同一件事不同地方有不同表現

同樣一件事在不同地方會有不同的表現，例如：在安親班寫功課很專心，可以依照老師規定的時間做完，但有時候生病請假在家，就無法專心寫功課或是一定要爸媽在旁邊催促。

✿嚴重不專心，有可能是過動兒嗎？

專心沒有絕對的標準，通常年紀大的小朋友，專心、注意力集中的長度會較幼齡的孩子持久。如果你的孩子很明顯較同齡孩子來得不專心，在家裡很多事情都要人

評估您的孩子是否有專注力不足問題

- □寫功課、讀書一定要有人盯
- □學習新事物能力很弱
- □做事總是要三催四請
- □同一件事不同地方有不同表現
- □生活不規律

註：如果孩子較同年齡的孩子不專心，可考慮是否就醫。

盯著才有辦法完成，老師也經常反應孩子注意力不集中，交代的事很快就忘了，就要考慮孩子是否需要就醫，由專業醫師或職能治療師來幫忙找出孩子不專心的原因並教導訓練孩子專心的方法。

另外，注意力不集中型的過動兒也會有明顯的分心問題出現，如果您發現孩子除了分心外，還包括有本書前言中提及的其他過動兒症狀時，請積極帶孩子讓專業醫師或治療師進行相關的評估。

此外，透過本章節所介紹的訓練專心的方法及遊戲，同樣也能幫助過動兒改善分心、提高專心，只不過家長需要有更大的耐心，因為這樣的孩子通常要更久的訓練時間才能養成專心的習慣，同時，還需要輔助其他方面的治療及輔導。

怎麼從生活中培養孩子的專注力？

訣竅1 軍令如山、說到做到

爸媽在培養孩子專心的過程中，如有談及條件，例如：「只要你三十分鐘內寫完功課，我就帶你去麥當勞」。爸媽一定要說到做到，反過來，如果孩子五十分鐘才完成，卻一直要求爸媽帶他去，爸媽也不能答應，否則會讓孩子覺得，反正他吵一下就有好處，不用太在意規定。另外，如果一開始爸媽只有要求時間，並沒有強調字也要寫得很漂亮，事後就不能說：「雖然你寫完了，可是字很醜，這樣不行。」爸媽若想要求字寫得好看，必須事先說明，這樣才不會讓孩子覺得爸媽出爾反爾。

訣竅2 全家口徑一致

想要建立孩子一項習慣時，最怕的就是家中大人或其他長輩有人持第二種標準，例如：媽媽說：「你沒寫完功課，不可以先看電視」，結果奶奶卻在一旁說：「沒關係啦，先讓他看個十分鐘再去寫」。

多數的孩子都懂得找對他有利的靠山，他覺得反正奶奶這樣說，他就不一定要遵守媽媽的規定。這樣一來，想要養成專心的好習慣會變得很困難，所以，家中大人最好事先先開個會，讓爺爺奶奶了解建立好習慣對孩子的重要性，如果大人之間有不同意見，一定要私下溝通，不要在孩子面前建立兩種尺度。

訣竅 3 持之以恆

「專心習慣」的養成，絕對不是一、兩天就能見效，尤其是對那些原本就特別容易分心、注意力不集中的孩子更是需要下功夫，所以，家長掌握了方法後，一定要持之以恆實行，並隨時看孩子的情況，調整正增強物的運用，多數孩子需要三十天左右才能建立好習慣，改善專注力不良的問題，而即使是學習效果比較快的孩子，家長也要確定他已養成習慣了，才能結束訓練，以免前功盡棄。

訣竅4 漸進式的要求

每個孩子定性都不同，有的孩子就是可以乖乖坐上三十分鐘看完一本書，有的孩子安靜十分鐘已是了不起的表現，如果家長希望孩子更專心、專注力更集中，首先不要用別人的標準套在自己孩子身上，而是針對孩子目前的狀況，鼓勵他越做越好、越來越專心，一開始不要把標準訂太高，以免孩子覺得挫折，家長也覺得訓練起來有困難，不妨試著先從十分鐘，拉長到十五分鐘，再慢慢拉長到二十分鐘。

針對孩子的狀況制定標準，孩子就會越來越專心。

主題1 軍令如山

要準備哪些道具？

準備一片巧拼墊、一張兒童平時閱讀或寫作業時坐的椅子。將巧拼墊放在椅子前面，讓孩子坐在椅子上，告訴孩子注意聽數字：一是立正站好、二是跳一下、三是雙手舉高、四是雙手放下轉一圈、五是半蹲、六是坐下來手放膝蓋上。確認孩子都記住數字與動作。

該怎麼陪孩子玩？

由媽媽下達指令，先從一個數字開始，等到孩子做對動作再說下一個數字，等到孩子熟悉後，媽媽可以開始增加每次指

遊戲小訣竅

除了立正站好、坐下來手放膝蓋的指令不變，可以讓孩子增加或更改其他指令。讓孩子覺得好玩，配合度才會提高，專注的表現才會更好！

令的數字。對於躁動靜不下來的孩子，可以多下達跳一下、雙手放下轉一圈的指令，如果孩子容易彎腰駝背、注意力分散，則可以多利用雙手舉高及半蹲的指令。

♛可以玩出什麼能力？

這個遊戲本身除了訓練聽覺專注力與反應能力外，更在動作中提供了本體覺或前庭覺刺激，當得到的刺激足夠了，孩子自然就會穩定情緒。當每次寫作業前進行這項遊戲，並且在最後的指令下達「六、坐下來手放膝蓋上」的指令，孩子就會慢慢習慣當要寫作業時就該坐好！這是利用遊戲讓孩子養成專心習慣的方法。

主題 2
手指數字操

要準備哪些道具？

請媽媽帶著孩子一起雙手握拳、張開五次作為暖身，然後帶領孩子用手指頭各比出一到五。

該怎麼陪孩子玩？

請媽媽引導，當媽媽雙手比出相同數字時，孩子必須比出一樣的動作，例如，媽媽雙手比出兩根手指，孩子也要做相同動作。當孩子比手指頭的速度跟媽媽差不多後，請媽媽雙手比出不同的數字（像是右手比二、左手比五），孩子要像照鏡子一樣左手比二、右手比五。如果孩子已經高年級了，可以要求孩子自己練習兩手同時比出不同的數字，看看可不可以連續十次不出錯！

可以玩出什麼能力？

雙手要比出不同的數字，必須左右腦有良好的協調，還要有快速反應的動作控制，這樣的訓練可以幫助孩子在雙手操作的活動（如組裝模型）表現專注，而且當動作協調後，在這類的學習活動（如寫作業、剪紙）時動作可以更為快速，大腦能夠處理更多訊息。而跟著媽媽比數字，則需要有優秀的視覺掃描能力，訓練大腦快速地把看到的影像轉換為自己的動作。這樣的訓練有助於孩子在閱讀課文或考試題目的速度與正確率！

遊戲小訣竅

媽媽自己比數字都打結嗎？只要心中記得「加起來等於五」，當一手比二時，另一手就可以快速比出三，這樣速度就會快很多，而且不會出錯！

主題3 找亂數表

要準備哪些道具？

可上網去尋找亂數表或購買出版社製作好的尋找英文字母的訓練專注力書籍。

該怎麼陪孩子玩？

如果是幼兒園階段，適合進行找數字的遊戲；到了小學階段，因為已經認識26個字母，可以玩找單字的遊戲，一開始玩的時間不要太長，例如：從三分鐘開始，慢慢地加到五分鐘、十分鐘。

可以玩出什麼能力？

藉由一堆混亂的數字或英文字母，讓孩子學習定下心來去尋找媽媽所要求的目標對象，久而久之就能拉長孩子的專注力，並能改善做事沒效率的問題。

遊戲小訣竅

《125遊戲，提升孩子專注力》，依年齡不同共有六冊，內容中就有合適的找英文單字遊戲。

主題 4

我聽不到

要準備哪些道具？

請大人拿錄音機或錄音筆去錄各種外界的聲音，例如：汽車聲、音樂聲、公園裡很多人的聲音等。

該怎麼陪孩子玩？

當孩子進行一項操作式的工作時，例如：玩專

注力遊戲、整理書包等，大人就把聲音放出來，然後要孩子不去理會背景聲音，並在預定的時間內做完手上的事。

可以玩出什麼能力?

利用克服噪音的遊戲，讓孩子覺得這像是一種挑戰，引發他的興趣，在遊戲中能訓練孩子專心的能力，使他將來即使在吵雜的環境中，都能靜下心來進行一件事。

遊戲小訣竅

如果孩子做得到，大人可以給他一個正增強物，例如：加一個點數，他會更有動力。

遊戲筆記

視知覺的建立與專注力

孩子的學習最重要的兩個管道就是看和聽，尤其是「看」這項能力是大腦學習最主要的方式，不過，「看」不光是看得見、看得清楚，還必須要有看得懂、看了之後會整合的視知覺能力。

一旦視知覺發展不良，孩子就會顯現閱讀障礙、書寫障礙、記憶障礙等問題，這些障礙會引發上課不專心、注意力無法集中、學習成效低落的狀況，對孩子影響非常巨大。

如果希望孩子有更好的競爭力、學習力、專注力，則應該注重視知覺的整合訓練。

視知覺發展不良會影響專注力？

Q1 孩子畫圖經常漏掉細節，是因為分心嗎？

幼兒園小班及中班時，孩子隨意塗鴉的能力還算可以，不過，到了大班後老師開始教孩子畫線條、畫簡單的臉譜，卻發現孩子很容易就少看了幾條線或是忘了畫眉毛或嘴巴，不知道是太分心還是畫圖能力有問題？

這個孩子經過我們評估之後，發現是視知覺發展不良，他的瞬間記憶能力很差，過目即忘，所以，畫圖時經常會漏東掉西。

此外，他的空間關係能力也不好，即使老師上台請他指出來人臉的五官位置，回到座位時，他又搞混了五官上下左右的關係。

所以，我們先加強他看圖的訓練，例如：使用3D圖畫讓他看得更完整，再教他區分上下左右的關係，又安排一些訓練空間感的遊戲，提昇他辨別方位的能力，而老師也了解他不是不專心，只是有「視知覺」的問題，因此，老師教學時盡量多鼓勵他，最後情況改善了許多。

Q2 孩子動作慢吞吞讓人受不了，是不是有問題？

小一、小二的時候老師偶爾向我反應孩子在學校拿作業或拿出鉛筆的動作總是慢吞吞的，當時不以為意。小三時換了一位新老師，老師請我正視這個問題，因為我的小孩做事速度已經明顯落後同學，我趕緊就帶他來找治療師，想知道是不是真的有問題？

因為我們評估時沒有發現這個孩子有粗細動作發展異常的問題，所以，我們的治療師特地去學校觀察他上課的狀況，並詢問老師的意見，結果發現這個孩子學校的書包及抽屜都非常凌亂，後來測試出他在視知覺中的背景搜尋及完形聯想能力不足，而造成他無法從雜亂的物品中找出他要的東西，才會讓老師覺得他注意力不集中、動作慢吞吞。

後來，我們教家長經常和他玩尋寶遊戲，讓他從一堆相似的小物品間，找出家長指定的東西，此外，也教他如何整理書包及抽屜以及物歸原位的概念。有了方法之後，老師發現他動作快多了，上課也跟上進度，表現的更為專心。

視知覺與專注力有什麼關係？

「視覺」是指視力，代表眼睛有「看見」的能力，而「視知覺」則是眼睛接收到看見的訊息或畫面之後，再透過視神經傳導到大腦，產生視覺「認知」，也就是進一步的知覺歷程。

而視知覺的發展包含了七種能力，如果孩子其中有某些部分發展出現問題，就會產生視知覺的學習障礙，也可能因此造成注意力不集中、上課分心的現象，所以孩子必須能夠整合七大視知覺能力，大腦才有辦法做出正確的接收與分析，進而達到認知的目的，並提高孩子學習時的專注力。

✿視知覺能力加上觀察力，學得更好

「觀察力」是指視覺、聽覺、嗅覺等各種感官的感受力，而在視覺的部分，觀察力注重的是細微的觀察能力，而「視知覺」主要是著重比較、認知的能力，這兩個能力是可以相互輔助的，良好的觀察力加上良好的「視知覺」，能讓孩子看得更仔細、更留意細節，進入大腦之後能夠做出正確的判斷，並藉由「視知覺」的記憶力，把事情記清楚，進一步發揮孩子的專注力及分析能力。

孩子的七大視知覺能力

能力	功用
視覺區辨 1	區辨圖案同與不同的能力、與圖案的分類、及數理能力中的物品點數（數出眼前物品有幾個）有很大的關係，甚至影響到語言組織、表達等技巧。缺乏視覺區辨能力的孩子，常常詞不達意，會寫錯字、認錯字。
瞬間記憶 2	對於文字或圖案短期的記憶能力，和孩子抄寫黑板、課文有很大的關係，甚至影響到創意表現與創造力的執行。這類的孩子在學習時需要一再重複練習，才會有差強人意的表現，課業學習會落後同學。
空間關係 3	對於物體上下、左右、前後等細節的判斷能力。對於個人在空間中的移動有很大的關係，例如：是否會迷路、是否會看地圖找地點等，同時也與國字的學習有很大的關係，當空間關係能力出現狀況，孩子經常會出現部首寫錯邊或字寫顛倒的狀況。

孩子的七大視知覺能力

能力	功用
形狀恆常 4	對於物體形狀的判斷能力，不論物體遠近、大小或方向改變後，仍然可以判斷出物體。這對孩子的閱讀有很大的影響，孩子是否能夠在不同字體中認識文字、組成詞句，並且了解意思，都需要形狀恆常能力的協助。
序列記憶 5	有順序性物體的記憶能力，例如：電話號碼、物品的擺設等。能夠有良好的序列記憶能力，執行事情才能按部就班，並展現出領導能力及組織能力。
背景搜尋 6	在環境中尋找物品的能力，對於搜尋重點或物品的速度、時間有很大的關係。唯有良好的背景搜尋能力，才能看清物品的細節、找出重點，如此才能展現創造力及做事效率。
完形聯想 7	只看到物品的其中一部分就能夠認出完整物品的模樣。對於物品的搜尋及圖案的完整性有很大的關係。唯有良好的完形聯想，才能見微知著，充分展現學習力與專注力。

✿大腦裡的資料庫牽涉到視知覺認知

另外，要提醒家長一點，除了要留意孩子「視知覺」的能力，也要關心視知覺認知的表現，所謂「視知覺認知」就是孩子大腦裡的資料庫是否足夠，例如：有個孩子從來沒有看過老虎，有一天到動物園看見了老虎，他可以清楚說出眼前這個動物的特點而且指出牠和家裡養的貓咪雖然像但是有些不同，這代表孩子的視知覺良好，但是因為他不認識老虎，於是沒辦法正確說出老虎的名稱，可能會說這是國外的大貓或是奇怪的貓咪。所以，希望孩子視知覺認知表現好或是能有更好的「視覺區辨」或「視覺推理」能力，就要給他更多、更豐富的學習及生活經驗。

視知覺＋視覺認知＝視覺競爭力

根據我們多年臨床上對資優兒童的統計發現，他們除了「視知覺」能力優於一般兒童外，在「視覺認知」的部分也是有優異的表現，尤其是在「錯覺判斷」與「視覺推理」的部分。因此將之前所提的七項視知覺能力，加上「錯覺判斷」與「視覺推理」，成為「視覺競爭力」的九大向度。

為什麼稱為「視覺競爭力」呢？我們多年來的追蹤研究發現，在這九大能力表現優異的孩子，不僅有良好的學習成績，甚至影響升學成就，以及與他人的競爭表現上。

我們相信，若能從小將孩子的視覺、視知覺、視覺認知作優質的能力培養，將來在學校裡、社會中的競爭力將會高人一等，因此我們將這九大能力統稱為「視覺競爭力」。

孩子的九大視覺競爭力

能力	功用
錯覺判斷 8	對於視覺訊息必須具有正確判斷的能力。所謂「眼見不為憑」，孩子必須要能夠跳脫原始的視覺訊息，如此才能做出正確判斷。
視覺推理 9	對於相似的圖案可以找出其關聯的能力。這對於孩子「抽絲剝繭」、「舉一反三」的能力很大的關係，會影響到孩子的學習成就。

視知覺不良，孩子就會不專心？

孩子要進行閱讀、寫字、算數、畫畫的課程，都需要具備有良好「視知覺」的能力，如果視知覺不良，可能會發生閱讀時跳行跳字、寫字經常顛倒、無法記住新學的國字、練習過的課程很快就忘了或搞混了、畫不出完整圖畫等種種學習問題，老師會認為孩子是專注力不夠、學習不用心，久而久之，他也會覺得學習新課業或寫作業是非常痛苦的事，因為無法做到老師或父母的要求，而覺得灰心、沒自信。

除了課業學習需要有良好的「視知覺」能力外，平常生活行為也需要運用視知覺，例如：缺乏完形聯想力，於是被課本壓著只露出橡皮擦頭的鉛筆怎麼找也找不到；缺乏序列記憶力，背家裡的電話，老是顛三倒四弄錯號碼順序；或是沒有空間關係力，出門時不小心就迷路了。

這些因為「視知覺」不良而出現的生活問題，會讓家長或老師覺得非常困擾，認為孩子太不用心、生活太散漫，而經常責怪他們，事實上，是因為孩子有視知覺發展障礙。

✿視知覺能力好，學習快又有效率

孩子如果「視知覺」能力強，學習自然是快又有效率，例如：瞬間記憶力出色，孩子就像有過目不忘的能力，很多新事物一下子就記住了；形狀恆常力佳，有助於閱讀及理解的速度，短時間內就能學到比別人多的知識；背景搜尋力強，對於物品或課文的觀察力特別好，可以快速找到他要的目標，能馬上看出題目重點。

有了優秀的「視知覺」能力，專注力表現一定高於一般人，因為，他們不容易在學習時受到阻礙，可以暢行無阻專心投入課業中，學習成就當然更加出色。所以，希望孩子專注力集中，就一定要幫助他擁有良好的視知覺。

如何檢驗孩子是否不專心？

「視知覺」異常在醫學上有一套評估方式，不過評估費用不便宜，除非是專業人員認為有評估的必要性，否則一般的孩童不一定要進行這樣的評估。所以，建議家長可先從以下症狀或情況來了解孩子是否有視知覺問題，而導致專注力不足的可能性：

生活小測驗，檢視孩子的專心度

☑物品在眼前卻視而不見

每次他要找東西的時候，東西明明就在眼前，卻感覺視而不見，即使大人口頭上做了指示，他還是要花費好一番功夫才看見他要找的東西，讓人覺得非常粗心、甚至懷疑他視力有問題。

☑才剛學過的功課很快就忘了

老師教寫一個新的國字，明明五分鐘前才練習過好幾次，但是老師要大家再寫一次時，孩子卻已經忘了寫不出來或是部首寫相反或字寫顛倒；昨天已經預習過的題目，今天考試時卻全都忘光了。

☑無法依老師指令找到句子

老師上課時要同學指出圖畫裡的某個部位或是請同學找出課本裡的某個句子，其他同學都找到了，他卻是看半天也看不出來，甚至還告訴老師，他的課本裡沒有這個句子。

評估您的孩子是否有視知覺問題？

□物品在眼前卻視而不見

□才剛學過的功課很快就忘了

□無法依老師指令找到句子

□模仿畫畫時無法注意細節

□沒有發現人或環境的改變

註：如果孩子經常有上述症狀，您不妨帶孩子找專業人員評估。

☑模仿畫畫時無法注意細節

老師或家長要孩子跟著畫畫時，他經常會忽略某些細節，例如：畫臉部卻沒有畫上鼻子，或是畫小狗卻沒有畫尾巴，老師或爸媽提醒他有個重要部位沒畫出來，但他看很久也沒發現。

☑沒有發現人或環境的改變

爸媽幫他買了一件新衣服，孩子穿了一整天也沒注意到，或是家中換了一張新椅子，過了好幾天他才發現有新椅子。

✿視知覺有問題，是不是戴眼鏡就能解決？

有些家長會把孩子的視知覺異常看作為視力有問題，事實上，如果視力有問題例如：近視、弱視等導致孩子視線不清或老是瞇著眼睛看東西，此時，家長應該帶孩子到眼科檢查，確認視力是否正常。但如果排除了視力問題後，孩子還是出現寫字經常顛倒、有看沒有到、無法記住看過的畫面、無法分析複雜的圖畫、相似字分不清楚時，就要考慮是視知覺異常，而非視力有問題。

視力問題可以藉由配戴眼鏡或其他矯正方式來改善及治療，而視知覺問題則需要透過專業人員的協助，來訓練、加強孩子視知覺七大能力中所不足的能力，使孩子有更好的視知覺整合力，進而改善專注力不足、學習落後的問題。

怎麼從生活中培養孩子的專注力？

訣竅1 隨時隨地進行視知覺訓練

視知覺訓練並不需要有特別的道具或場地，生活中隨時隨地都可以做練習，例如：走在馬路上，讓孩子比較車子顏色、大小的不同；或告訴孩子：「等一下會經過五家商店，我們來看你能不能記住從第一家到第五家是在賣什麼」；或遮住圖片的一半，要他猜出來這是什麼動物。透過生活中不間斷的訓練，孩子的視知覺會越來越進步，在學校時也能減少因為視知覺不良而導致的不專心、做事慢吞吞的問題。

訣竅2 鼓勵孩子去表達他所看見的

爸媽可以經常問孩子：「你看到什麼？」、「你覺得看起來有什麼不同？」透過鼓勵，孩子就能學會積極去看、去比較，這對於提昇視知覺及專注力是有幫助的。即使有些時候孩子的說法爸媽可能不滿意。

例如：阿嬤燙了新髮型，結果孩子說這樣看起來很奇怪、很醜，爸媽不要因為生氣就不准孩子說、表達意見，而是告訴他看得出來不一樣很好，表示有注意觀察，不過，表達意見時要考慮人家的心情，可以換個不同的說法，才不會讓人傷心。

訣竅3 注重視力保健

看得見、看得清楚是視知覺的基礎，如果孩子經常有看沒有到或表達看不清楚時，家長應該帶孩子接受視力檢查。讓孩子擁有健康的好視力，學習也會更專心，否則黑板上的字總是模模糊糊，老師的動作也看不清楚，專注力當然難以集中。

訣竅4 從小多做視覺刺激的訓練

孩子剛出生的前幾個月只有看見黑白的能力，慢慢地隨著視力的發展，他開始能夠分辨色彩，並且有了注視物品、視覺追蹤等能力。所以，家長應該讓孩子從小有足夠的視覺刺激訓練，如嬰兒階段多做五官的注視訓練，較大之後讓他玩丟球遊戲訓練手眼協調能力或是多帶他去戶外訓練放大視野能力，藉由這些視覺刺激，促使視力發展，進一步也讓視知覺發揮的更好。

多讓孩子玩丟球遊戲，可以訓練孩子的視覺刺激。

主題1 鉛筆疊疊樂

要準備哪些道具？

請找出孩子的所有鉛筆，如果鉛筆不夠多，可以準備粗細相同的吸管。顏色相同的吸管會增加遊戲難度，不同顏色的吸管可以吸引孩子專注力。

該怎麼陪孩子玩？

將鉛筆或吸管平分給媽媽跟孩子，請媽媽跟孩子一次一根吸管輪流放在地上或桌上，但是後一根吸管必須壓在已經置放在桌上的吸管上方（不一定是上一根吸管），直到所有吸管丟放好，如果中途吸管掉下來兩根以上，就算失敗！接著輪流將吸管拿回來，就如同一般「疊疊樂」，可以從最高的拿起，但是不能讓吸管垮掉，否則就算失敗！

可以玩出什麼能力？

在疊吸管的時候訓練了孩子的視知覺，孩子必須能夠判斷該將吸管放在哪裡才能符合規則。而在拿取吸管的過程中，則是訓練了「背景搜尋」的能力，因為孩子必須判斷哪支吸管沒有被其他吸管壓住，這樣才能順利地將吸管拿開。

遊戲小訣竅

當孩子不容易判斷哪支吸管在最上面時，可以允許孩子換個角度看吸管，經由三度空間的觀察，孩子更容易學會視覺訊息的區辨技巧。

主題 2 堆疊城堡

要準備哪些道具？

準備孩子平常玩的積木，不論是堆疊式的或是組裝式的都可以。可以先詢問孩子今天要來做什麼？疊城堡？組裝汽車？建飛機？蓋鐵塔？

該怎麼陪孩子玩？

媽媽先堆疊出一座城堡，請孩子蓋出一樣的城堡，如果孩子疊錯了，請媽媽給予提示，但不是直接告訴他哪裡錯了！當孩子都蓋正確了，換成孩子出題，由媽媽作答，媽媽可以故意幾個地方出錯，引導孩子幫忙找出錯誤並改正。

可以玩出什麼能力？

積木的堆疊屬於三度空間，當孩子觀看題目堆疊自己的城堡時，正是訓練三度空間、以及物體與物體之間關係的視知覺能力。當要辨別哪裡出錯的時候，又可以訓練到視覺區辨能力。這樣的訓練有助於孩子把題目看清楚、檢查驗算時能找出錯誤，有助於學習成就的提高！

遊戲小訣竅

孩子覺得遊戲太難？可以試著先堆疊平面的圖案開始，或許孩子會覺得簡單，其實平面又多色彩的積木，反而更容易出錯唷！

主題3 大家來找碴

要準備哪些道具？

收集報紙上「找出A、B圖不同」的遊戲；或是媽媽直接拿數位相機及腳架去拍紅綠燈路口，間隔三秒拍一張，就會有很多張畫面看似相同，其實不同的照片；或是有很多人拍照時，請大家每拍一張就做出不同的動作。

該怎麼陪孩子玩？

讓孩子去找出兩張畫面中，有什麼不一樣的地方，把它說出來或圈出來。

可以玩出什麼能力?

讓孩子從極為相似的畫面中找出差異性，培養他加強視覺區辨、視覺搜尋的能力，讓他改掉粗心看圖的習慣，同時也訓練出了專注力。

遊戲小訣竅

現在家庭幾乎都有數位相機，媽媽可以把照片直接列印出來給孩子看，或直接開兩個視窗讓孩子比對。

主題4 影子遊戲

要準備哪些道具？

爸媽的雙手以及一個檯燈。

該怎麼陪孩子玩？

將室內大燈關掉或拉上窗簾，讓孩子坐到爸媽的前面，請他不要回頭看，然後爸媽用檯燈照著自己的雙手，由雙手影子在牆上做表演讓孩子來猜是什麼，例

如：小鳥、小狗、螃蟹等動物，接下來，爸媽還可以要求孩子記下動物出現的順序，例如：先出現小鳥、再來是螃蟹、最後是小狗。

可以玩出什麼能力？

讓孩子專心去看牆上的影子畫面，訓練他的視覺區辨、瞬間記憶以及序列記憶等能力，讓他改善有看沒有到或是過目就忘的學習困擾，進而更加專心。

遊戲小訣竅

除了雙手外，爸媽也可以準備一些外型輪廓較明顯的玩具或小型家用品，例如：小汽車、小鎚子、削鉛筆機、剪刀等，讓孩子透過影子來猜猜看是什麼物品。

主題 5

我看到了

要準備哪些道具？

與孩子面對面坐在房間或孩子熟悉的環境，這樣的環境最好有很多不同形狀、顏色的物品。

該怎麼陪孩子玩？

告訴孩子：「爸爸現在看到了一樣東西，可以我忘記他的名字了！而且現在不能用手比，只能回答，『是、不是或有、沒有』，請孩子發問，讓孩子根據線索找出媽媽看到的東西」。例如：

孩子：「是正方形的嗎？」
爸爸：「是。」
孩子：「要插電嗎？」
爸爸：「要。」
孩子：「會動嗎？」
爸爸：「不會。」
孩子：「是電視嗎？」
爸爸：「答對了！」

可以玩出什麼能力？

在遊戲中，讓孩子藉由視覺來找出大人看到的東西，有助於孩子對於環境的認識與熟悉，並可以加強視覺區辨與背景搜尋等視知覺能力，有助於孩子將來在生活中注意細節、避免危險的技巧。

遊戲小訣竅

剛開始玩時，爸媽可以出在孩子視野裡的物品（即爸爸背後的東西），這樣孩子比較容易察覺，並且在成就感驅使之下對遊戲產生興趣。接著，可以出在孩子背後的東西，甚至可以出不在房間裡的東西，例如：學校設備、遊樂場器材等。

遊戲筆記

Part 8

訓練書寫時的專注力

本書最後兩個章節，將進入專注力運用的實戰篇。根據家長表示，他們最希望孩子有專注力的兩個時候，就是寫功課及上課，所以，本章要先教孩子在書寫作業時，該如何展現足夠的專注力，使作業能夠在合理的時間內完成，並且把字寫得整齊、漂亮，或是運算類的答案能夠正確無誤。

從幼稚園大班或小一開始，寫作業是孩子每天都要進行的求學基本功，一個孩子如能建立書寫時的專注力，求學的過程會更加順利且快樂，反過來，如果孩子缺少了書寫時的專注力，那麼寫作業就會變成父母及孩子每天痛苦的根源。

書寫時專注力不良會有什麼影響？

Q1 孩子沒辦法畫出簡單的蘋果，是不是發展有問題？

我的小孩是幼兒園小班，我發現她連線條簡單的蘋果都沒辦法畫出來，每次我畫完，叫她跟著仿畫一次，結果她拿了筆就亂畫一通，真是傷腦筋，怎麼連這麼簡單的東西都畫不出來，是不是有發展問題？

一開始我們先考慮這個小朋友的坐姿及握筆姿勢，大致上覺得沒問題，於是請媽媽示範一次平時教孩子畫蘋果的方式，結果媽媽在紙上只畫了一顆大約2公分左右大小的蘋果，原來是媽媽沒有考慮到孩子的精細能力發展以及視覺觀察力，畫了一顆實在是太小的蘋果，而且，媽媽給孩子使用的是原子筆，因為對孩子來說，原子筆是大人才能使用的筆，她覺得很有趣，所以一拿到筆，什麼都不管反正就是急著先畫畫看。

後來，我們請媽媽改用彩色筆在A4紙上畫一個大蘋果，然後握著小朋友的手跟著畫一次，因為這次小朋友可以看清大蘋果的長像，所以，她就產生了畫圖的「興趣」。畫完之後，我們讓小朋友幫大蘋果塗顏色，此時，訓練了她的「耐心」，最後，請媽媽把這張圖畫在家裡貼起來，孩子覺得非常有「成就感」，後來，她反而經常主動找媽媽一起來學畫畫，而且畫畫時很投入也很專心。

Q2 孩子寫作業速度慢又分心，該怎麼改善？

孩子平常寫作業非常不專心，每次寫一下子就去玩別的東西或是起來上廁所、開冰箱找東西吃，我經常提醒他專心一點先把功課做完，再做其他事，可是他就是做不到，該怎麼著手改善？

案例中的孩子來進行評估時，我們很明顯就注意到他手部肌肉張力太低的問題，所以，還沒寫太多字，就看到孩子在甩手，傳達出手痠的訊息，所以，他寫一會兒作業之後，就開始出現不想寫的心態。

後來，我們教家長利用繃帶纏繞在鉛筆上的方式，設計出適合孩子的「握筆器」，目的是為了讓他書寫時手部更容易施力，接下來，我們請家長把他的功課拆成片段完成的方式，例如：一次先寫一行，然後就先檢查，有錯的地方請家長先讓孩子訂正，同時也讓他的手休息一下子，慢慢地一次一行，孩子越寫錯誤越少，而且因為分開來完成，讓他覺得比較沒有壓力，經過一段時間的訓練之後，孩子終於可以專心寫功課，也提高了作業正確的比例。

孩子的手部肌肉張力如果太低，可能會影響他書寫的能力，此時，不妨將功課拆成片段來寫，減少孩子的壓力。

孩子書寫能力的發展

書寫的定義，就是孩子必須坐在桌子前面，拿起筆，然後在紙上進行操作下筆的動作。不管是學齡前孩子的塗鴉、著色、描繪線條、畫路徑圖，或是到了小學階段的寫國字、抄課文、算數學、玩數字遊戲等，都叫做書寫。

由於孩子的握筆能力，關係著精細動作的發展，所以，幼稚園階段的孩子，通常建議先讓他們使用比較粗、比較容易施力的彩色筆及蠟筆，而且書寫的內容以塗鴉、畫線條為主，到了大班後半段或是小一開始，才建議孩子使用鉛筆來學習寫國字、運算數學題目等更為精細的動作。如果孩子小肌肉發展尚未成熟前，就太早讓孩子學習寫字，有可能造成不好的書寫習慣或是產生挫折感，反而破壞了孩子對於書寫的興趣。

✿ 幼兒園以想像為主，小學生以思考為主

幼兒園階段的小朋友，書寫練習通常是以畫畫的方式來進行，此時孩子多半是運用想像及印象的方式，因此，孩子畫畫可以是天馬行空、不合乎邏輯的；到了小學階段，書寫通常是寫文字，因此主要是以思考及邏輯的方式進行，所以，孩子有可能寫一寫會出現短暫的「當機」現象，這是因為他需要時間去思考一下，所以，家長不要覺得孩子容易分心，只需要適時提醒他一下，以鼓勵的方式告訴他，前面做的很好，他就會集中注意力，繼續寫下去。

書寫時需要的3種專注力類型

書寫作業時必須有專注力才能使孩子專心投入書寫作業這件事，然後在合理時間內把事情做完，而專注力又因呈現的方式不同，可分為以下三種類型：

類型❶ 持續性專注力

指的是有恆心，能夠持續不間斷的專注力，依年齡不同，孩子可以維持的持續性專注力也不相同，一般三歲左右的孩子，投入一件事情時約可專心六分鐘；六歲的孩子約為八分鐘；九歲的孩子約為十分鐘；十二歲約為十五分鐘。

類型❷ 選擇性專注力

進行同一件事情時，可以隨著主題不同，而出現適時轉移的注意能力，例如：寫國語考卷時，可以注意到第一大題是是非題，要以〇或 × 來回答，第二題是選擇題，要以1、2、3的數字來回答，孩子要能夠注意到有不同的要求，才能做出正確的書寫。

類型3 注分離性的專注力

能用兩種形式去注意事情，例如：老師考聽寫時，孩子可以先用聽覺去注意老師的題目，接下來又可以進行視覺及手部書寫的專注動作，能夠一會兒專心聽，一會兒專心寫。

原則上，書寫作業時，孩子最需要的是前兩項的能力：持續性專注力、選擇性專注力。

提高書寫時專注力的3要件

希望孩子能夠在寫作業（書寫）時，擁有理想的持續性專注力、選擇性專注力，就必須有以下的三要件：

要件❶ 興趣／動機

對多數的孩子來說，寫作業本來就是一件很難讓人打從心底喜歡的事，所以，家長及老師應該想出方法，來讓孩子有寫作業的動機或興趣，例如：寫完之後有獎賞或能得到大人的稱讚等等。

此外，寫作業也是孩子得到知識的方法，如果家長告訴孩子，「你很棒會寫這麼難的字」或「你很厲害已經認識那麼多字」，甚至可以讓他寫封簡單的信寄給爺爺奶奶，久而久之，孩子就會發現懂得知識是一件快樂、有用處的事，就會產生他想要好好寫作業、想要認識更多字的動機。有了動機及興趣之後，就能展現出孩子的專注力。

要件 2 耐性

接下來就要訓練足夠的耐性，否則孩子可能進行一會兒就開始起來走動或東張西望，不專心的問題又浮現了。

一開始，可以先要求孩子靜下來專心寫三分鐘，然後就讓他休息片刻，下一次再要求他專心寫五分鐘，然後再休息一下，慢慢地把專心的時間拉長，孩子的耐心就會被培養出來了。

要件 3 成就感

工作的目的除了賺錢之外，成就感也是促使大人努力工作的原因，對於孩子寫作業也是一樣，透過老師及父母的鼓勵或是藉由得高的分數，都會使孩子得到成就感，有了成就感，孩子就會提高專注力去做功課。

如何檢驗孩子是否不專心？

如果孩子專注力不足，在面對書寫作業時，就容易出現以下的症狀和情況：

生活小測驗，檢視孩子的專心度

☑無法維持正確坐姿

寫作業時，可能坐的歪歪斜斜或是彎腰駝背，有時還會一手撐著頭，有時寫到最後乾脆整個人趴在桌上寫字。此時，應該改善孩子的坐姿，為他選擇適合身材高度的桌椅，打開書桌檯燈，讓他能看清作業。

☑寫字時力量非常大

孩子寫字時花費很大的力氣，一頁寫完之後，如果沒有用墊板，後頭好幾頁都會刻印出孩子的筆跡。這是因為手部控制力量能力不夠好，加上握筆不夠正確，孩子很容易出現手酸、手痛而導致分心。可以試著調整握筆的姿勢並幫孩子換更易書寫的筆。

☑環境或書桌太過雜亂

孩子寫作業時，外面可能有人在看電視或弟妹在一旁吵鬧，或是孩子的桌書非常雜亂，許多吸引孩子注意力的物品都放在他看得到的地方，如此一來，孩子寫作業時勢必無法專心。因此，家長應該把這些影響物都移除掉，孩子才能專心寫功課。

☑寫錯、算錯的比例很高

雖然孩子寫作業很認真，不過，經常出現寫錯字、算錯答案的狀況。此時，應該回到源頭找出原因，例如：是否因為不了解上課內容，或是視知覺有問題，無法正確理解課業。如果家長有能力，可以再教孩子一次課本內容，讓他理解了再繼續寫。

評估您的孩子是否有書寫問題？

□無法維持正確坐姿

□寫字時力量非常大

□環境或書桌太過雜亂

□寫錯、算錯的比例很高

註：如果試過多種方式，孩子依舊沒辦法好好寫字，不妨請專家來幫孩子找出原因，解決孩子的問題。

✿先嘗試調整，如果仍無法解決再就診

上述這些問題，家長可以先依建議進行調整，如果只是輕微的問題多半加以調整及導正後，孩子就能夠專心投入書寫，但如果家長試過多種方式，孩子依舊沒辦法好好寫字，寫字時極易分心，此時，可以請專家來幫孩子找出原因，解決孩子的問題。

怎麼從生活中培養孩子的專注力？

訣竅 1 建立固定書寫的模式

有了固定的模式，孩子就會養成習慣，一旦好習慣養成，寫作業就變成自然而且有方法的事。孩子寫作業不專心的問題，也會慢慢消失。

建議養成孩子固定的書寫模式

時間	地點	流程
讓每天寫作業有固定的時間，使孩子形成生理時鐘，時間一到就覺得應該去寫作業。	選擇一個固定而且合適的寫作業地點，該環境盡量力求簡單、乾淨，沒有會吸引孩子分心的玩具或電視等聲音。	寫作業時應該要有流程及計畫，建議可以依照聯絡簿上的順序，一次做一件，依序完成。
例如：每天固定放學回家先休息一下子→接著去洗澡→洗完澡後就一定要去寫作業。	**例如：**可以設計一間安靜的書房或是在房間的角落安排一個獨立的書桌位置。	**例如：**先讓孩子從第一項開始，每寫完一項爸媽檢查過後，再進行第二項，或是先進行需要抄寫的作業，再進行需要計算的作業。

訣竅2 找出不專心的原因

孩子寫作業不認真、不專心，可能是有原因的，例如：孩子感冒時，不停咳嗽或流鼻涕，家長就可以知道是感冒症狀影響了他寫作業的專注力。

不過，要提醒家長，有很多的時候，孩子不專心的原因並非顯而易見，但是這些潛在問題，確實是存在的，所以，父母及老師應該先觀察孩子的問題是什麼，例如：他不了解如何計算，因此，寫錯很多答案或是手眼不協調，寫起字來歪七扭八，經常被罵或被擦掉重寫而抗拒寫作業。

家長必須先對症下藥，找出主要的問題，再去解決問題，孩子才有辦法專心進行書寫。如果家長無法找出問題時，也可以請醫師或治療師來協助。

訣竅 3 循序漸進的增加

不要一開始就強求孩子要做到一百分，對於這些專注力不足的孩子，家長需要更多的耐心，建議採循序漸進的步驟，如作業量從少增加到多、專注的時間從短到長、字跡從歪斜慢慢到端正。

不要認為已經採用上面的方法，孩子馬上就可以學會專心寫功課，任何一項習慣或行為的養成都至少需要一個月的時間，所以，只要孩子表現有進步，家長就應該給予鼓勵。

訣竅 4 準備工作先做好

有些孩子寫作業時，經常因為要找字典、削鉛筆，中途就離開座位，一離開很容易分心，因為可能中途看到好玩的玩具，結果忘了正在寫作業。所以，寫作業之前，把所有需要的準備動作都處理好，如準備好開水、先上廁所、削好鉛筆、放好橡皮擦等，除非是寫了一會兒準備休息，否則不要在進行中出現打斷寫作業的行為。

訣竅5 肌肉張力不足者可以多訓練

有不少孩子因為肌肉張力不足，結果作業寫沒多久整個人就力量不足，而東倒西歪或趴在桌子上，這樣孩子很容易分心，拖延了寫作業的進度。

如果肌肉張力明顯不足者，可以請治療師安排職能訓練，加強身體的穩定度及肌耐力，如果只是一般體力較弱者，家長應該多培養孩子運動的習慣，並為他準備有良好腰背支撐力的桌椅。

訣竅6 利用定時計來管理時間

如果孩子沒有時間概念，習慣要別人一再提醒時間，此時，可以為他準備一個計時器，接下來教孩子將功課拆成片段的方式，例如：設定五分鐘，寫兩行，如果孩子作業錯誤率很高，大人可以先檢查，再繼續下一個五分鐘，如果錯誤率不多，可以讓孩子直接再設定時間繼續下一個階段，鼓勵他和計時器比賽，在響起之前就完成功課。過程中大人最好適時離開，讓他學習自我管理，而不是大人在一旁提醒計時器時間快到了，這樣就失去計時器的目的。

運用小小的計時器，可以幫助孩子好好管理時間，有助於在時間內完成作業。

主題1

直線排隊

要準備哪些道具？

準備一張A4白紙裁成四等分，另外準備黑色簽字筆。讓孩子練習在白紙上畫直線，鼓勵孩子把線盡量畫直。

該怎麼陪孩子玩？

請孩子在白紙上從一端畫線到另一端，然後在旁邊繼續畫另一條線，直到白紙上無法再畫線。請媽媽數一數孩子總共畫了幾條線，而線與線之間有多少個接觸點，線條數目剪掉接觸點數目就是分數。

可以玩出什麼能力？

精細動作的不協調容易使得孩子專注力表現出現狀況，而且對於書寫文字忽大忽小不整齊，或者缺乏耐心的孩子有很大的幫助！這樣的遊戲不僅提昇精細動作、肌耐力，對於持續性專注力也是有幫助的！

遊戲小訣竅

用黑色簽字筆畫線很容易？這是由於較粗的線條對視覺的負擔較小，可以換成細字筆試試看，看看會不會變困難？

主題2 纏繞著色畫

要準備哪些道具？

準備0.5粗細的簽字筆，以及一般圖案的著色畫。讓孩子在圖案上以彩色筆著色，接著請孩子想一想，如果用相同顏色，如何在不同區塊畫出不一樣的圖案？

該怎麼陪孩子玩？

先讓孩子在白紙上練習畫小圓圈，然後找出圖案中一個區塊，以圓圈填滿。接著可以利用畫直線、畫方格、畫三角形的方式來「著色」，也可以請孩子想想，可以利用什麼重複性的圖案來畫畫？

可以玩出什麼能力？

重複地進行同一動作，會讓大腦的警醒程度下降，甚至會感到昏昏欲睡，因此這時候需要有良好的自我控制能力，維持優秀的表現直到結束。當孩子能夠持續地完成整張圖案，除了表示自我控制能力得到訓練外，持續性專注力也獲得提昇！

遊戲小訣竅

重複地以同一圖案或線條來作畫，是「纏繞畫」的核心精神，媽媽可以上網搜尋看看更多的圖案，提昇孩子作畫的興趣。

主題3 連連看

要準備哪些道具？

準備一些連連看的遊戲圖。

該怎麼陪孩子玩？

提醒孩子從1開始，接著找出2、3、4……，依照數字順序連下去，直到圖案完成。

可以玩出什麼能力？

讓孩子在連連看的過程中，學習數數以及控筆的能力，而且連出圖案之案，會讓孩子得到成就感，使他更專心去投入這項遊戲。

遊戲小訣竅

可隨孩子的年齡不同，準備難度不一的連連看遊戲，此遊戲適合幼兒園及低年級的小朋友。

連連看摘自《125 遊戲，提升孩子專注力》

主題4 走迷宮

要準備哪些道具？

準備迷宮圖。

該怎麼陪孩子玩？

提醒孩子從入口開始向前走，在過程中必須嘗試找出能夠前進的道路，走錯時必須退回上一個路口再試別條路，直到出口或終點為止。

可以玩出什麼能力？

迷宮是訓練控筆能力及以視覺尋找目標非常好的遊戲，此外，在過程中也培養出了孩子的專注力及耐心。

遊戲小訣竅

可隨孩子的年齡不同，準備難度不一的迷宮遊戲，此遊戲適合幼兒園及小學各年級的小朋友。

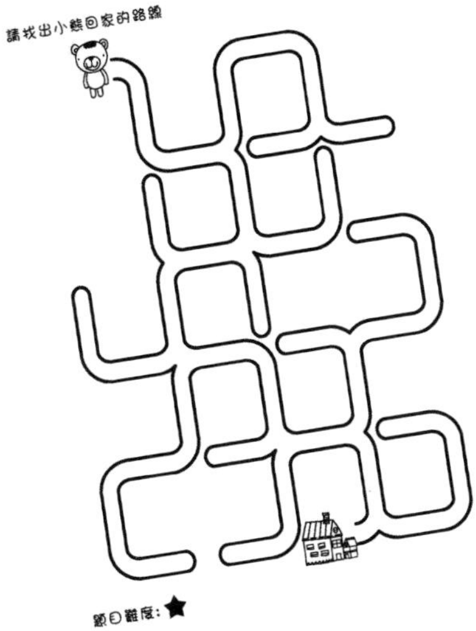

迷宮摘自《玩出專注力持續加強版遊戲小書》

主題5 數獨遊戲

要準備哪些道具？

準備數獨遊戲圖。

該怎麼陪孩子玩？

在多個九宮格裡，填入1到9的數字，而每個數字在每一行、列及九宮格裡都只能出現一次。

可以玩出什麼能力？

這是訓練孩子推理及觀察力非常好的遊戲，讓孩子在快樂的情緒下，願意較長時間坐在桌子前面，進行這項遊戲，無形中孩子的專注力也提昇了。

遊戲小訣竅

隨著九宮格的增加，難度也跟著提高許多，此遊戲適合小學以上的小朋友來嘗試。

9	8	2		5		4	1	3
3	4	6	1					
				4			2	
	2	9	6	1	7	3	8	4
	3	8		2	9		5	
7		4	5					
	9				5			8
2	5	3	8			9		1
		7	3	9	1	2		5

遊戲筆記

培養課業學習時的專注力

第八章已經教了大家訓練書寫時的專注力，、這一章節就要來教家長及老師非常重視的課業學習時的專注力。學會這項能力，對孩子一生受用無窮，也能減少許多親師問題或親子壓力。

有了正確的課業學習時專注力，孩子會更喜歡上學，而且能從中體會到學習新知識的成就感及滿足，所以，如果您的孩子課業學習時經常不專心或是缺乏好的課業學習技巧，千萬不能錯過這個章節的內容。

課業學習時不集中會有什麼影響？

Q1 孩子總是上課一條蟲、下課一條龍，怎麼辦？

孩子的老師向我反應，孩子在幼兒園上課時，老是趴在桌子上有氣無力的，可是一下課就活蹦亂跳，體力好得不得了，老師經常提醒他上課認真、積極一些，但孩子就是一副完全不喜歡上課的模樣，有什麼辦法可以讓他喜歡上課呢？

經過我們觀察及評估後發現，原來案例中的孩子是家中的獨子，從小父母總是事事順著他，因為他不知道自己為什麼要上課，於是就採取消極的抵抗。後來，我們商請老師上課時帶入一些遊戲，並且偶爾以他為主角，讓他有被重視的感覺。

另外，當他又習慣趴著的時候，老師不是馬上責罵他，而是趁機教大家有關睡覺或身體部位的英文單字，讓他覺得很有趣，同時也引導他改掉趴著上課的習慣，久而久之，他也覺得上課很有趣，於是開始試著專心學習。

Q2 孩子無法遵守小學上課的規矩，該怎麼教？

我的小孩今年剛上小一，結果適應非常不良，因為他上課時，沒辦法像別人一樣乖乖坐著上課，而是忍不住就起來走動或是想到就開口和旁邊的同學說話，有時還會玩自己的東西，不理會老師正在上課，讓老師和同學都非常困擾，有什麼方法可以改善呢？

案例中的家長將孩子帶來我們這裡評估的時候，已經是小學開學後的第二個月了，我們團隊幫他做了一些生理方面的檢查，結果都很正常，也沒有過動的症狀，後來仔細去了解，才發現孩子是就讀開放式教室的幼兒園，而且他在上小學前並不了解小學生是如何上課的，所以不知道規矩。

所以，不懂得為什麼老師非要他坐好不可以站起來。後來，我們仔細告訴他上課的規則，並提醒他區分上下課可以做什麼事，例如：上課時就是專心聽老師說話，下課時才可以上廁所，和同學說話，並請老師在上課時，適時請他站起來唸課文、叮嚀他上課規則，慢慢地，當他適應小學生活後，這些不專心的問題也消失了。

課業學習與專注力有什麼關係？

課業學習主要指的是，透過教學的方式，讓孩子學會各種學校的課業知識，包括國語、數學、自然、地理、美術等等；另外，才藝項目的學習，如跳舞、彈鋼琴、畫畫等也算是課業學習的型態。

一般從幼兒園開始，孩子就進入了初階的課業學習，不過，此時的學習是為了輔助建立將來上小學的能力，而不代表從幼兒園開始，就要像小學生一樣坐上一整節課的時間，專心投入單一的課程。因為，此時孩子不管在專注力或粗細動作發展上都還沒達到小學生的標準，因此，幼兒園階段應以遊戲式的學習為主，讓孩子在玩樂中培養出將來課業學習的能力。

到了小學階段，孩子就進入正式的課業學習，此時需要有足夠的專注力，才能跟上老師的教學進度，並應該了解小學上課的規矩，能夠在規定的時間內，好好坐在自己的椅子上，專心聆聽老師上課。

孩子如果不適應小學上課的規矩，有時上課會顯得不專心，而出現上課一條蟲、下課一條龍的情形。

進入小學前，應了解小學的上課方式

有些孩子就讀幼兒園時，沒有固定的座位，小朋友可以自由在角落進行獨立的活動。不過，建議到了幼兒園大班時，孩子最好可以漸進轉換為類似小學生的學習環境，例如：有自己的固定座位、不可未經老師同意就站起來做別的事等，如果有機會也可以帶幼兒園的孩子去參觀小學生上課，了解大哥哥、大姐姐如何上課，經過提早的練習及心理準備，將來孩子才能順利銜接小學生活。

影響課業學習專注力的因素有哪些？

課業學習最主要的場所就是教室，而在教室環境中，各種訊息都可能會影響孩子的專注力，因此老師必須將教室中各個細節盡量做適當的管理及安排，才能避免過多的干擾，使孩子專心上課。

老師

老師要觀察自己上課時的音量、說話的方式，以及手勢、動作是否都能吸引孩子，讓孩子將注意力集中在老師身上。

同學

同學的座位安排要適當，例如：身高較高的學生應坐在後面或是愛說話的同學應調到老師面前等，否則同學之間的聲音、動作都會互相影響上課的專注力。

光線

光線照明是否足夠，可讓同學看清黑板及課本。

空氣

空氣是否保持流通，不會讓孩子昏昏欲睡，或是避免異味干擾孩子上課的專注力。

室外

教室外是否經常有其他班級上體育課而影響教室裡的同學，或是否常有其他老師或同學走過窗戶旁，造成孩子分心。

✿「持續性專注力」及「分離性專注力」非常重要

前面的第八章已介紹過三種書寫時專注力的類型，而在課業學習時，「持續性專注力」及「分離性專注力」的運用非常重要，因為有好的「持續性專注力」，孩子才有辦法集中精神上完一整節課，或是有耐心做完老師交代的指令，此外，「分離性專注力」也很重要，孩子可以偶爾讓思緒離開一下子，但又快速把心思拉回來課堂上，繼續專心上課。

所以，為了達到理想的上課專注力，老師們可以利用以下三原則來吸引孩子的注意力。

提高課業學習專注力的3原則

原則1 興趣

如果老師上課時，只是刻板唸過內容然後語氣平淡的進行講解，孩子很快就會覺得無聊而出現分心現象，所以建議老師可以多和孩子做互動，例如：唸課文時，可穿插請不同同學站起來唸，此時會提高大家的專注力，老師還可以刻意去點名那些易分心的同學，如果他能順利唸完，就適時稱讚、鼓勵他，就會提高孩子的專注力，對上課更感興趣。此外，老師不妨適時提問，讓同學來回答，增加上課的活潑性，避免枯燥、一成不變的上課方式。

原則2 耐性

為了讓孩子有耐性上完一整節課，當老師發現同學已經開始分心時，可以先暫停上課，例如：先讓大家唱一首歌或做一下頭部及眼部運動，再繼續剛才的上課內容，孩子的注意力就會被拉回來，又可以持續下去。

此外，為了提高同學的耐性及專注力，建議老師可以將一節的課程，拆成每十至十五分鐘為一種主題或上課模式，藉由轉換及休息，會讓孩子學習更專注，成效更好。

原則3 成就感

課業學習時的成就感是保持專注力非常重要的關鍵，例如：孩子學習之後，老師請他發表意見，而給予他稱讚，他就會產生成就感，願意更專心的學習；或是藉由考試時的好成績得到父母的獎勵，這也是孩子成就感的來源之一。

如果老師能夠盡量面面俱到去鼓勵到每個孩子，讓每個人都可以得到成就感，孩子就會感受到大人對他的愛意，而願意做更好的表現。

如何檢驗孩子是否不專心？

如果孩子專注力不足，在課業學習時，就容易出現以下的症狀和情況：

生活小測驗，檢視孩子的專心度

☑坐姿不良導致分心

上課時，可能坐姿不端正，整個人攤在椅子上或是趴在桌子上，結果沒一會兒就開始分心、神遊，甚至打起瞌睡。應考慮是否有肌肉張力不足的問題或睡眠不足或桌椅高度不適當的問題。

☑視線無法追隨老師

視線沒辦法跟著老師的節奏，例如：老師說看課本第幾段，孩子找很久才找到；老師手指著黑板，孩子卻沒發現老師的手舉了起來；或是老師用手勢指引同學去看教室某個地方，孩子的視線卻慢半拍。此時要注意是否有視力問題或前面章節提及的視知覺問題。

☑反應過快或過慢

上課時反應太快或過慢都是專注力不良的表現，例如：一個反應太快的孩子，老師話說一半，他就想要搶話，或是沒有聽清楚題目就急著回答；而反應太慢的孩子，可能是老師已經上到第三題，他卻還在思考第一題，結果突然舉手問老師第一題的問題，讓老師覺得他不專心。

☑環境中有太多讓他分心的東西

上課或讀書時，除了上課用品外，還放了許多不相關的物品，例如：小玩具、貼紙、鏡子，或是有些孩子的文具有非常多的機關，讓他忍不住在上課時玩了起來，所以，課業學習時，周遭環境及用品應力求簡單、乾淨，以避免孩子分心。

✿課業學習嚴重落後應該就醫嗎？

很多家長帶孩子來我們的門診檢查時，通常都是說：「老師說我的孩子上課非常不專心」，老師的評價及反應是家長發現孩子不專心的一大主因。一般來說，孩子在課業學習時，難免偶爾會有不專心的現象，但多半只是短暫性或情況輕微，只要老師提醒他一下，他就可拉回自己的專注力。

但如果孩子的學習明顯落後同學，例如：成績經常不及格、基本的寫字或運算能力不足、經常打瞌睡，此時，老師多半會主動找家長討論，希望家長一同關心孩子的學習問題，並視情況建議家長帶孩子接受檢查及評估。

此外，有些過動兒，上課時可能會出現起來走動、不停插嘴、捉弄同學、突然離開教室、嚴重恍神、發呆等行為，如果這些狀況明顯，老師也會建議家長帶孩子去接受檢查，以了解孩子是否因過動問題而導致不專心。

造成上課不專心的原因，有非常多種可能，所以，有時候不是一次的檢查或是聽完家長的敘述就能找出原因，提醒家長及老師應該更有耐心去面對孩子不專心的問題。

評估您的孩子課業學習的注意力是否足夠？

□坐姿不良導致分心

□視線無法追隨老師

□反應過快或過慢

□環境中有太多讓他分心的東西

註：如果孩子的學習明顯落後同學，且極度不專心，您不妨視情況帶孩子接受檢查及評估。

怎麼從生活中培養孩子的專注力？

訣竅 1 優良的睡眠品質

孩子每天都要睡飽，才能專心上課，所以，老師要請家長配合，建立孩子規律的睡眠習慣以及好的睡眠品質，讓孩子隔天上課有精神，不會在課堂上打瞌睡。

訣竅 2 足夠的營養

營養是孩子的能量來源，習慣吃早餐、均衡的飲食攝取，才能確保孩子營養足夠，同時擁有好體力，有體力上課才能專心，學習才能發揮更多創造力。

訣竅3 適量的運動

運動可以讓孩子更健康，適量照射陽光也能補充身體的維生素D，此外，孩子能有機會跑跑跳跳發洩精力，更容易培養出動靜皆宜的孩子。不過，也要提醒家長運動注重的是快樂，而不是技巧，所以，不要要求孩子運動時也要表現的很完美。

訣竅4 適度多媒體的使用

老師教學時，為了增加上課的豐富性及變化，偶爾可以穿插多媒體的運用，例如：看電影、看幻燈片或查電腦，這樣會讓孩子更感興趣，吸引他的注意力，不過，比重不要太多，以免影響孩子視力或讓孩子無法適應書本式的靜態課程。

訣竅 5 展現老師個人魅力

「老師」在孩子課業學習時，占有非常重要的地位，有些老師採用獨特的教學方式或特殊打扮，往往就能吸引學生的目光，所以，每個老師都應該找出個人的魅力及吸引目光的能力，同時，老師也應建立適當的威信，使孩子能夠認同老師，服從老師的指令。

訣竅 6 家庭環境會影響孩子學習

有些家中經濟有問題或是父母常吵架的孩子，他們上課時一想到家裡的情況就無心上課，導致學習成效不理想。所以，父母不要認為大人的事孩子不懂，現在的孩子都非常聰明而且敏感，如果孩子學習時經常不專心，有時要考慮是否受到家庭因素的影響，必需先讓孩子得到安全感及自信心，才能使他上課更專心。

主題1 跳躍圈詞

要準備哪些道具？

小學生請準備國語圈詞作業，學齡前可以準備平時書寫或畫畫的練習本。

該怎麼陪孩子玩？

先請孩子看看今天作業的圈詞有哪些？每個圈詞之間有沒有關係呢？可不可以組成不同的辭彙或是造句呢？例如：今天要寫的圈詞有「花圃」、「昨天」、「獵犬」、「購買」，我們可以造出「昨天獵犬購買花圃」的「怪怪句子」，這時候請孩子先從「昨天」開始寫起，接著依照造句內容完成作業，而不是依照老師的圈詞順序。

可以玩出什麼能力？

「專注力」除了專注力本身外，更要加強專注力的表現，因此提昇學習動機、學習效率，可以讓孩子更願意學習。這個遊戲是以作業完成為目的，以遊戲的方式讓孩子覺得寫圈詞很好玩，因此減少了壓力也提昇了速度，逐漸讓寫作業變成一件有趣的事，孩子的學習動機自然提昇！

遊戲小訣竅

這個遊戲適合在每次段考一個月前練習，因為此時課業壓力不大，較能提昇孩子的學習動機、專注力及書寫效率。

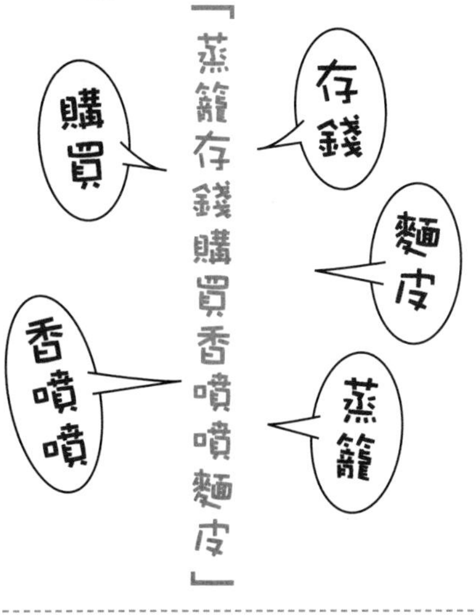

主題2 第一個字

要準備哪些道具？

小學生請準備國語課本或課外讀物，學齡前請準備繪本或故事書。

該怎麼陪孩子玩？

媽媽朗讀孩子的國語課文，並在每一句結束後停住，孩子要將這句話的第一個字唸出來，例如：媽媽唸：「今天一早爸爸就把我們叫起床」，孩子要說出「今」這個字才算正確。

可以玩出什麼能力？

孩子們習慣重複大人的話尾，因此無法將指令聽清楚，而這個遊戲孩子必須要記住第一個字，並且等待整個句子的結束，因此整句內容都會聽到，幫助孩子提昇聽覺的持續性專注力，也就是孩子不再會對大人的指令斷章取義，也不會對大人的問話答非所問。

遊戲小訣竅

有些孩子會猜句子停止的時間，因此媽媽可以刻意將兩句併成一句講完，可以培養孩子等待的耐心，更可以幫助孩子增長記憶時間。

主題3 中國功夫

要準備哪些道具？

不用道具。

該怎麼陪孩子玩？

老師和孩子建立一種默契，每次上課時，只要老師喊到：「中國功夫」，大家就要把腰背挺直，把手放在後背壓著，這樣一來雙手既不會亂動也能當成後背的小枕頭，幫忙支撐身體。

可以玩出什麼能力？

讓孩子在上課前先擺好基本姿勢，使他做好上課的心理準備，接下來就能專心聽講。

遊戲小訣竅

這種遊戲就像團康活動中，如果很多人在講話，台上老師只要一喊「最高品質」，下面的人就會回答「靜悄悄」，同時也安靜下來。每個老師都可以設計自己的方法，和孩子建立共同的默契。

主題4

手指操

要準備哪些道具？

不用道具。

該怎麼陪孩子玩？

上課前先進行簡單的手指操遊戲，例如：彎彎手指頭、互勾手指頭、拉拉手指頭等。接下來，請小朋友把手臂伸長並舉起食指，接著眼睛專心看著自己的食指，食指遠近來回移動五次；再把手臂伸長，食指左右來回移動五次；最後食指再進行畫圓的動作五次，記得眼睛視線要跟著食指移動。

可以玩出什麼能力？

利用手指操來活動手指關節，使孩子做好上課的準備，接下來再進行手指追視運動的訓練，可提昇孩子上課時專心注視老師的能力。

遊戲小訣竅

速度越快，眼睛越難跟上食指的動作，老師可以先教孩子進行慢動作。

主題5

榮譽榜或代幣制度

要準備哪些道具？

設計一個有全班小朋友名字的榮譽榜及準備「乖乖章」或可愛貼紙。

該怎麼陪孩子玩？

只要小朋友表現達到老師要求，就幫他蓋章或貼上貼紙點數，累積到一定的點數，就可以兌換獎賞。

可以玩出什麼能力？

藉由獎勵制度，使孩子提高學習的興趣及動機，進而達到理想的課業學習表現。

遊戲小訣竅

對於那些成績比較差的孩子，通常得到點數的機率較少，所以，老師可以根據那些學生的特點，例如：只要他上課沒插嘴、可以唸完整課課文就馬上給予他點數獎勵，讓他也願意專心投入學習。

附表一「觀察孩子是否過動」的量表

本表為醫學臨床使用之表格，家長亦可採用此份量表觀察孩子的活動量。但結果並無法得知孩子是否具有過動之問題。如果家長對於孩子的活動量、衝動性有疑問，應尋求醫師及治療師的協助，莫因本表之結果而對號入座，反而耽誤孩子的未來與成就。請您根據孩子目前的表現，在適當的程度上打勾。

	從不	很少	有時	常常	總是
甲、進餐時：					
1. 不願端坐，常離開坐位，跑來跑去。					
2. 任意打擾家人用餐。					
3. 不能安靜地坐著，身體動來動去。					
4. 玩弄餐具（例如：玩筷子、玩湯匙）或其他東西。					
5. 話很多。					
乙、看電視時：（註：是指看他所喜歡的節目時）					
1. 節目進行中，不能坐著看，而跑來跑去。					
2. 不能安靜地坐著，身體動來動去（註：模仿電視節目除外）。					
3. 玩東西或自己的身體（例如：一面看，一面玩自己的手，洋娃娃或手槍等）。					
4. 話很多。					
5. 把選台器轉來轉去或亂按遙控機。					
丙、做作業時：（例如：寫字、畫圖、勞作等）					
1. 不能坐著做，而動來動去。					
2. 不能安靜地坐著，身體動來動去。					
3. 不能專心，而玩弄東西或自己的身體（例如：玩自己的手，玩鉛筆、橡皮、本子等）					
4. 話很多。					
5. 需大人在旁監督。					

	從不	很少	有時	常常	總是
丁、遊戲時：					
1.不能靜下來，玩安靜的遊戲（例如：剪貼、著色、下棋等）。					
2.不能持續地玩同一種遊戲或玩具，而不斷地變換。					
3.做一些怪動作或怪聲音，希望引起父母的注意。					
4.話很多。					
5.打斷他人正在進行的遊戲或活動。					
戊、睡覺時：					
1.不容易哄他上床。					
2.和一般孩子比，睡眠的時數太短。					
3.睡著也會動來動去，睡不安穩。					
己、學校及家庭以外的行為：					
1.旅行時不安份，使家人提心吊膽。					
2.逛街、買東西時不安份（包括隨便摸東西、拿東西）。					
3.上教堂或看電影時不安靜。					
4.拜訪親友時，不安靜，跑來跑去，坐立不安。					
合計（請計算在每個項目勾選數量的總合）					
加權分數	0	1	2	3	4

（　　　　　　）

★得分　請將各項分數乘上加權分數後加總，即為得分。
若總分30分以下，顯示孩子的活動量尚可，尚不屬於過動。若分數於30-50分之間，建議平時多觀察，給予孩子適當之運動，以消耗過多體力，並提昇穩定性。若分數於50分以上，孩子可能活動量偏高，建議再與同年齡兒童比較，若孩子的活動量比同年齡來得大，則需要醫療專業的協助。

★建議　家長可將此表影印放大每三個月為孩子填寫一次本量表，及可得知孩子的活動量是否有改善。

附表二 「評估孩子是否專心」的問卷調查表

請家長依照下列問卷填寫（打勾），並計算分數，即可大略知道孩子不專心的原因。

	從不 X1	很少 X2	有時 X3	常常 X4	總是 X5
孩子對我的指令常常左耳進、右耳出？					
孩子上課時會因同學的動作而分心？					
孩子不喜歡靜態遊戲，如讀書、下棋？					
孩子上課會彎腰駝背，甚至趴著聽講？					
孩子嘗試新的事物時，會有眼高手低現象，認為每件事他都做得到？					
Part I 分數					
孩子坐在椅子上會搖晃椅子？					
孩子寫字、畫畫時不喜歡用手扶住紙張？					
孩子在組裝或堆疊積木時無法專心？					
孩子無法跟著別人動作做體操？					
孩子走在平地上會跌倒？					
Part II 分數					
孩子聽故事或讀書常抓不到重點？					
上課時，孩子無法察覺大人生氣的表情，依舊做自己的事情？					
孩子學習新的事物，要花比別人長的時間？					
孩子無法查覺大人給的提示，甚至置之不理？					
孩子對於師長問話，會出現答非所問現象？					
Part III 分數					
孩子無法坐在定點好好看書？					
孩子玩玩具時，破壞比建設的機率來得高？					
孩子在看電視或打電動比看書時專心？					
孩子對於邏輯推理的學習比語文來的好？					
孩子在操作玩具時筆寫字、畫畫來的專心？					
Part IV 分數					
孩子畫畫、寫功課時需要有人盯著？					
孩子對於師長的指令總是遲遲才去做？					
孩子書寫、上課時喜歡東張西望？					

	從不 X1	很少 X2	有時 X3	常常 X4	總是 X5
孩子無法把一樣作業寫完再寫下一項？					
孩子玩遊戲時，前一種遊戲還沒玩完就換下一種遊戲？					
Part V 分數					
即使東西就在眼前，孩子還是找不到東西？					
孩子學習寫字時會漏掉部件，如一點、一勾？					
孩子學習時會讓人有「有看沒有到」的印象？					
孩子模仿寫字或畫畫時動作很慢？					
孩子對於曾經看過的事物無法回憶，如早餐吃什麼？					
Part VI 分數					
孩子寫字畫畫時會東張西望或發呆、分心？					
孩子抄寫課文會抄錯行或抄錯字？					
孩子寫字無法寫在格子內？					
孩子桌上有許多好玩的玩具或擺飾？					
孩子沒有專屬的閱讀、書寫空間？					
Part VII 分數					
孩子不喜歡上課？					
孩子上課時喜歡搖晃桌椅？					
孩子上課喜歡發問，但問題與課堂內容沒有關係？					
孩子上課會突然起來走動，甚至走出教室？					
孩子上課看似認真，但對老師的指令會慢半拍執行？					
Part VIII 分數					
總分					

分數計算方式 請根據所勾選答案，並乘上加成分數，然後將五題分數相加，及可得到每一部分分數。

分析 分數越高，顯示孩子在那一部分需要更多協助，可依據每一部分得分不同，參考本書相關章節，以獲得幫助孩子的資訊。

PARTI：孩子的感覺統合能力發展可能落後，請參考第二章。
PARTII：孩子的動作發展可能還沒趕上實際年齡，請參考第三章。
PARTIII：孩子需要在觀察力訓練部分多下工夫，請參考第四章。
PARTIV：請協助孩子建立良好的閱讀習慣，請參考第五章。
PARTV：孩子要對自己的專心負責任，請參考第六章，幫助孩子建立專心的習慣。
PARTVI：平時請多多訓練孩子的視知覺能力，請參考第七章。
PARTVII：孩子書寫時需要家長的關心，請參考第八章。
PARTVIII：孩子上課需要老師多費心，請參考第九章。

附表三 「特別提醒」評估孩子專注力是否足夠

您想知道孩子的專注力是否足夠嗎？不妨從下列的特別提醒為孩子作評估。

國家圖書館出版品預行編目資料

5分鐘玩出專注力(暢銷修訂版)/ 張旭鎧著. -- 初版. -- 臺北市 : 新手父母, 城邦文化出版 : 家庭傳媒城邦分公司發行, 2009.07 面； 公分. -- (好家教系列 ; SH0067) ISBN 978-986-6616-30-3(平裝)
1. 親職教育 2. 問題兒童教育 3. 注意力 4. 親子關係
528.2 98010892

阿鎧老師5分鐘玩出專注力【暢銷修訂版】

作　　者／張旭鎧
選　　書／陳雯琪
主　　編／陳雯琪
採訪撰稿／高旻君

行銷企劃／林明慧
行銷經理／王維君
業務副理／羅越華
總 編 輯／林小鈴
發 行 人／何飛鵬
法律顧問／台英國際商務法律事務所 羅明通律師
出　　版／新手父母出版
城邦文化事業股份有限公司
台北市中山區民生東路二段141號8樓
電話：(02) 2500-7008　傳真：(02) 2502-7676
E-mail：bwp.service@cite.com.tw
發　　行／英屬蓋曼群島商家庭傳媒股份有限公司城邦分公司
台北市中山區民生東路二段141號2樓
讀者服務專線：02-2500-7718；02-2500-7719
24小時傳真服務：02-2500-1900；02-2500-1991
讀者服務信箱 E-mail：service@readingclub.com.tw
劃撥帳號：19863813
戶名：書虫股份有限公司

香港發行所／ 城邦（香港）出版集團有限公司
香港灣仔駱克道193號東超商業中心1F
電話：(852) 2508-6231　傳真：(852) 2578-9337
E-mail：hkcite@biznetvigator.com
馬新發行所／ 城邦（馬新）出版集團 Cite(M) Sdn. Bhd. (458372 U)
11, Jalan 30D/146, Desa Tasik,
Sungai Besi, 57000 Kuala Lumpur, Malaysia.
電話：(603) 90563833　傳真：(603) 90562833

封面、版型設計／徐思文
內頁排版／徐思文
內頁插圖／陳俊廷．徐思文
製版印刷／卡樂彩色製版印刷有限公司

2009年7月28 日初版
2015年3月19修訂一版
2021年3月29修訂二版2刷
訂價400元
ISBN 9789866616303
EAN 4717702905385

Printed in Taiwan

城邦讀書花園
www.cite.com.tw